お金をかけずに90を切るゴルフ

1日5分
クラブを持たない
練習法

ゴルフライフプランナー
北野正之

WAVE出版

はじめに

ゴルフは世界中で愛されているスポーツです。

その理由は、人それぞれいろんな楽しみ方ができるからです。

ひたすらスコアを追い求めるもよし。飛距離や正確性にこだわるもよし。スコアは二の次にして、仲間と楽しい一日を過ごすのもよし。年をとっても続けられるので、自然の中で体を動かすことが健康増進にもつながるなど、楽しみ方は無限に広がります。ですからゴルフには、あなたに合った楽しみ方が必ずあるのです。

ところが残念なことに、自分なりの楽しみ方に出会う前に、ゴルフから距離を置いてしまう人がいるのも事実です。私の経験上、距離を置いてしまう人には、次のふたつの理由があるようです。

1．これ以上うまくなれないと自分で決めつけている。

2．継続していくことにお金がかかりすぎる。

1の原因は様々ありますが、早くうまくなりたいと、あせって練習しているにもかかわらず、思うような結果が出ないので、いやになってしまう人が多いのだと思います。でも考えてみれば無理もないこと。自己流でしゃかりきに打ち続けていたら、間違った動きや癖が体に染みついてしまいます。これではいつまでたってもうまくなれず、たまたま出たナイスショットに喜ぶだけで終わってしまいます。

そんな人に必要なのは、**練習に対する発想の転換**です。

おそらく「スイング中は、頭を動かしてはいけない」「ワキをあけてはいけない」等、**自分を縛りつけるような練習**ばかりしてきたはず。その「〜してはいけない」という発想を切り変えることができれば、これまで難しく考えていたものが簡単にできるようになるのです。人から言われたことを言われたとおりにやることは、ときとして上達の妨げになります。

2を解決するには、練習方法を見直してみることです。練習場に行かなくても、いくらでもゴルフの練習をすることができます。**お金をかけずにうまくなる練習方法は、山のようにある**のです。

「そんな虫のいい話あるわけない」と思われるかもしれません。そんなあなたのためにこの本はあります。発想を転換したり、創意工夫した練習を継続することで、無駄なお金をいっさいかけることなく上達でき、90切りも達成できるのです。

さあ、自分にぴったり合うゴルフライフをみつけて、もっともっとうまくなってゴルフを楽しみましょう！

目次—お金をかけずに90を切るゴルフ　1日5分 クラブを持たない練習法

第三章　クラブを持たずに練習しよう

第四章

90を切るための発想転換

第五章　ゴルフライフが充実する日常の〝気づき〟

第六章　スコアがまとまる思考法

【装丁】テラカワアキヒロ
【イラスト】渡辺保裕
【DTP】NOAH
【協力】岸　和也
【写真】渡辺義孝
【編集】福山純生

第一章

お金をかけるほど下手になる⁉

自分のゴルフライフを見直してみる

アマチュアのみなさんは、おしなべて練習熱心です。月イチでラウンドに行けるか行けないかのゴルファーでも、練習場には足しげく通っている人がたくさんいます。その熱意たるや、プロの私でさえ舌を巻くほどです。

先日、朝早く目が覚めてしまった知り合いが、近くの練習場へ早朝練習に行ったところ、朝の6時すぎだというのに50近くある1階の打席は満杯。わずかに空いていた2階の打席で練習をはじめると、30分もしないうちに打席の後ろで空くのを待つ人まで出始めたそうです。

景気の冷え込みが長引く昨今、ラウンドに行けなくても、せめて練習場で腕を磨いておこうという姿勢は、素晴らしいのひとことです。でも**〝一生懸命練習すること〟が上達につながっていない人が、すごく多い**のです。

たいていのスポーツは、練習すればするほど、うまくなるものです。野球はボールの速さに慣れれば打ち返せるようになり、ノックをたくさん受ければ守備もうまくなります。ランニングは走り込むほど、長い距離を走るのが苦にならなくなり、快感を覚えるようにさえなります。

もちろん、ゴルフだって練習しなければうまくなりません。ただ、練習をみっちりやったからといって、グングンうまくなれるかというと、残念ながら必ずしもそうではないのです。なぜそんなことになるのでしょう?

最大の理由は、**練習が実戦を想定したものになっていない**ことです。

練習場では、打ちやすい人工芝のマットに置かれたボールを、仕切られた打席からポーン、ポーンと決められた方向に打つだけです。正面のネットが近いと、ボールが何ヤード飛んだのかもわかりません。またほとんどの練習場では、ラウンドでは使わない練習場専用の飛ばないボールを使っているので、正確な飛距離はもちろん、弾道やスピン量もアテにはなりません。

そのような状況でしか練習していなければ、コースへ出た時に、自分がどこを向いているのかさえ把握できません。平らなところから打てる機会もほとんどなく、芝で覆われた大木が林立する凪の大地で、プレーをしなければならない。しかもやり直しができない。後ろの組が迫ってくるとプレッシャーもかかる。これではスコアが安定してまとまるわけがありません。コースでは、まるで条件が異なるのです。

実戦で強くなるためには、練習のやり方を考える必要があります。うまくなるためには、**【考えること＝創意工夫】が欠かせない**のです。そうでないと、知らず知らずのうちに、とんでもない量の**お金と時間を無駄にしてしまう**のです。

一回の練習で打つボールの数はプロ以上？

あるときラウンドレッスンを受けにきたお客さんが、しきりに「ヒジが痛い、肩が痛い」と言っているので、どうしたのか聞いてみると、「昨日、練習場で700球打ってきました！」と誇らしげに言うのです。

「えっ？　いつもそんなに打つのですか？」と聞いたら、「いつもは200〜

３００球だけど、時間も2時間ほどあったし、今日のラウンドレッスンに備えて気合いを入れました」とのこと。

２時間ちょっとで７００球も打ったと聞いて、唖然としました。しかもその人は50歳を過ぎたシニアゴルファーなのです。私が研修生だった20代の頃なら、体力にまかせて５００球ほど打ったことはありますが、今はまず打ちません。おまけに数多く打ち込んで、ひじや肩を傷めてしまったのでは何にもなりません。そのお客さんの周りでは、１回の練習で１０００球打ったことを得意げに話す人さえいると言います。

もちろんその人なりの目的をもって、数多くのボールを計画的に打ち込んでいるのなら、頭ごなしに否定はしません。でも目的意識を持っていたら、闇雲にボールを打つことはできません。課題に取り組みながら、一球一球丹念に打っているのであれば、たくさんの球数は打てない上、集中力が続くはずもありません。

プロはトーナメント会場の練習場で、時間をかけて黙々とボールを打っていますが、実は球数自体はそれほど打ってはいません。明確な課題に取り組んでいるからです。トーナメント中に練習場で、１００球以上打つ選手は少数派なのです。

〝間違い〟が体に沁み込んでいく

なぜ、アマチュアがボールをたくさん打ててしまうのかといえば、次から次へ何も考えることなく漫然と打っているからです。

「うまく打てないなぁ」と思いながらも、手を止めることなく打ち続け、たまたまいいショットが打てると、「出た、これだ！」と満足する。アマチュアの練習は、この繰り返しがほとんどです。ナイスショットの確率は、おそらく10球に１球くらいの割合。そんな人にミスショットが出たとき「なぜ今のショットは右に曲がったと思いますか？」と聞いても、返ってくる答えは「わかりません…」です。

無理もありません。何も考えずに打っているのですから、わからなくて当たり前なのです。では百歩譲ってそれはよしとしましょう。問題はいいショットが打てた時も、同様の答えが返ってくることなのです。

「いやあ、今のはナイスショットでしたね！　どうやって打ったのですか？」と聞いても、やはり答えは「わかりません…たまたま打てました」という具合です。

こんな調子では、何球打ってもナイスショットではなく、ミスショットのスイング癖が体に沁み付いてしまいます。ミスショットが多いほど、その動きを数多くこなしていることになるからです。練習の成果にプラスとマイナスがあるとするなら、明らかにマイナスの練習になってしまっているというわけです。

ミスショットにしろ、ナイスショットにしろ、**「どうやって打ったのか」をわかるようにすることが大事**なのです。

練習に年間いくら使っていますか？

マイナスの練習は、あなたのゴルフだけでなく、家計にも悪い影響をもたらします。球数を打てば打つほど出費はかさみます。今はオートティを導入している練習場も増えています。次から次へと出てくるボールを、何も考えずにガンガン打ち込んでいくと、あっという間に数千円のお金がかかってしまいます。

　では1ヵ月間にどれくらいのお金を練習に使っているのか、具体的な例を検証してみましょう。

　これはプロにレッスンを受けるようになり、今ではコンスタントに80台でラウンドできるようになったAさんが、自己流で練習していた頃の例です。Aさんの場合、練習は週2回、平均練習時間は約2時間。主に週末や祭日を使っていました。


　1回の練習にかかる費用は、打席料＝500円＋ボール料金1カゴ500円（1カゴ50球）×5カゴ＝2500円なので、【1回＝3000円】。

　練習は週2回ですから【1週間（3000円×2回）＝6000円】。1ヵ月で計算すると【毎月（6000円×4週で計算）＝2万4000円】。これを1年間続けたとすると【1年間（2万4000円×12ヵ月）＝28万8000円】となります。

実に28万8000円ものお金が〝ボールを打つ〟ことだけに、使われていたのです（ちなみに1年間の練習時間は192時間。球数は2万4000発）。

比較的低価格の早朝練習や、料金一定型で打ち放題のシステムを利用したとしても、交通費を入れたら1回の練習で2000円前後はかかるでしょう。

たとえばこれをAさんの練習回数にあてはめてみると、週2回で4000円。1ヵ月1万6000円となり、1年間では19万2000円。これでもかなり大きな出費です。

でもうまくなったことが実感できれば、かけたお金にもまだ納得できるでしょう。しかし実感が持てないのであれば、お金をかけて時間も無駄にしているだけ。なにより、これだけのお金を使えるのであれば、ラウンドに使うべき。それこそが上達へのいちばんの近道です。リーズナブルにプレーできるコースを探せば、1ヵ月に2ラウンド前後はできます。そう考えると、Aさんが28万8000円のお金をラウンドに使っていたら…。実にもったいない話だとは思いませんか？

Aさんの場合は、練習費用だけで月に2万4000円でしたが、よほどのお金持ちではないかぎり、みなさんのゴルフに費やせる金額には上限があると思います。たとえば1ヵ月に練習費用やラウンド代金も含め、使える上限が1万円だとしましょう。月1万円だと、月イチでラウンドするのは、交通費等を考えると難しい状況。でも2ヵ月で2万円と考えれば、2ヵ月に一度はラウンドできます。

であれば2ヵ月に一度のラウンドを基準に、練習計画を立ててみるのです。リーズナブルなコースでプレーできれば、お釣りも出ます。仮に5000円のお釣りが出たとしたら、月換算で2500円は練習費用に回せます。その金額内で効率よく練習する方法を考えてみるのです。

練習に使える金額が月2500円と決まると、練習場に行くにしても1回の練習で打てる球数もかぎられてきます。そうすると今までより、一球一球が貴重になるので、心して打つようになります。心して打つとは、課題を持って打つということ。必然的に練習効率も上がっていきます。

プロのレッスンは経済的にも効果あり

もちろん、ラウンド以外にも時間的、経済的に効率よくうまくなる方法はあります。プロのレッスンを受けることもそのひとつです。

個人レッスンを行っている練習場も数多くあります。仮にレッスン代が月1万円だとしても、課題を与えられ、練習でそれを消化していけば、むやみに球数を打つよりは断然効率よく上達できます。課題に取り組むことで、練習の目的が明確になるので必然的に球数も減り、練習費用はマイナスに転じる可能性も高くなります。

中にはボール代金がレッスンフィに含まれているところや、グループレッスンを行っている練習場もあるので、予算に合わせて利用できれば、かなり有効かつ経済的です。

実際、Aさんは自己流で練習していても上達した実感が湧かなかったので、ボール代金が含まれていた90分3000円のグループレッスンに参加しました。そして

1年間にかかっていた練習費用を、約3分の1まで減らしたのです。しかも、自己流でむやみやたらにボールを打っていた頃に比べると、上達曲線が急角度で右肩上がりになり、それからわずか1年半で、コンスタントに80台で回れるまでに変貌を遂げたのです。

第二章　日常生活を練習生活に変える

生活習慣と練習ドリルを組み合わせる

お金と時間についての無駄を検証できたら、次に取り組んでほしいことは、**考えること=創意工夫**です。

仕事もあるし、家族も大切。寝ても覚めてもゴルフ三昧というわけにはいかないと思います。でもゴルフの練習は、練習場に行かなくてもできるのです。

第三章で紹介する30個の練習ドリルは、自宅やオフィスあるいは出先等、どこでもできる「クラブを持たない練習ドリル」です。

1項目の回数やかける時間は、自分で決めてください。ただし時間が空いたときにやるとか、練習のための時間を新たに設けようという姿勢で取り組むと、短時間とはいえ、継続することは難しいと思います。

継続していくポイントは、日常生活の中で習慣になっている行動と、どの練習ドリルを組み合わせることができるかを考えてみることです。

たとえば左記のような組み合わせです。

・歯を磨きながら→**スタンスラインどおりに飛ばす（練習ドリル⑫）**
・バスを待ちながら→**朝イチショットを成功させる重心位置（練習ドリル㉑）**
・トイレにいったら→**スクエアアドレス（練習ドリル③）**
・仕事に疲れたら→**体がスムーズに動くアドレス（練習ドリル①）**

日常生活で必ず行う行動と組み合わせることができれば、練習をスムーズに習慣にすることができます。何と組み合わせたら練習しやすいのかは、自分で考えてみてください。

月間目標をゆるめに立てる

効果があってもドリルが難しすぎると続きません。なので、簡単かつスコアメイクに欠かせない、実戦的なドリルだけに絞っています。

また練習を継続するためには、具体的な目標が必要となります。ここでは以下の3つの目標例をあげました。

目標1　かっこいいスイングになる！
目標2　スイングの土台を作る！
目標3　90を切る！（スコアをまとめる）

まずは1〜3の中から自分の目標、もしくは目標に近いものを選んでください。その目標達成に合わせて、アドレス、スイング基本・実戦、方向性アップ、飛距離アップ、アプローチ、パッティングの各カテゴリーから、練習ドリルを選べるようなっています（P34〜35・表参照）。

さらに目標を達成するまでの期間を3ヵ月とし、1ヵ月ごとのスパンに区切って左記のように無理のない目標を立ててみてください。

【1ヵ月目】練習ドリルを習慣にすることを第一目標にする。

表からテーマに合った項目を3つ選択してください。最初の1週間は気負わず、練習時間も1日5分を目安としてください。心がけてほしいことは、すでに目標を達成している自分になったつもりで、練習することです。

【2ヵ月目】得意を伸ばすか、苦手を克服するか。

自分の得意な分野をさらに伸ばすのか、苦手なことを克服するのかを決めたうえで、新しいドリルを3つ選択してください。イメージしたことを体で表現できるようになっているかどうかを意識しながら、じっくり取り組んでみてください。

【3ヵ月目】ラウンドにおける様々な状況を想定する。

ラウンドを想定し、コース状況をイメージしながら、その状況に合わせた新しい練習ドリルを3つ追加してください。

ゴルフ日誌をつけてみる

3ヵ月という期間設定を長く感じるのであれば、まずは1ヵ月の継続を目標にしてみてください。自分がやりたいこと、克服したいことを具体的にして、とにかく達成感を味わってほしいのです。

そのために、ゴルフ日誌をつけることをおすすめします。練習した日をチェックするだけでも構いません。可能であれば、自分のイメージしている動きができていくプロセスや、ゴルフに関する具体的な目標等も記してみてください。

そうするとこの先、何かに迷った時、日誌をひもといてみることで、忘れていた何かを思い出すきっかけにもなります。迷った時や行き詰まった時の拠り所にもなります。

また、半月継続できたらボール、1ヵ月継続できたらお気に入りのウェアを購入する等、自分にご褒美を用意するのも効果があります。そうすると継続の喜び、そしてスキルアップする喜びが味わえ、ドリルをやることがより楽しくなってきます。毎日の継続がベストですが、1日おきに2日分まとめて練習してもOKです。朝昼晩、異なる3つのドリル（計9個）に取り組んでみても構いません。難しく考えず、柔軟に考えてください。どんな形であれ、継続することが大事です。くれぐれも「やらなきゃならない！」という方向に、自分を追い込まないようにしましょう。

クラブを持たない 練習ドリル30 一覧		かっこいいスイングになる!	スイングの土台をつくる!	90を切る!(スコアをまとめる)
アドレス	1 体がスムーズに動くアドレス		●	
	2 いつでもどこでも同じアドレス	●	●	
	3 スクエアアドレス		●	
スイング基本	4 左右対称のバックスイングとフォロー	●	●	
	5 腰を使ったスイング	●		
	6 自分のスイングプレーン		●	
	7 正しい体の捻転		●	
	8 番手どおりの飛距離とスピン量	●		
	9 長いインパクトゾーンとフォロー			●
	10 ダイナミックに振り切れる体重移動		●	
	11 リストコック		●	
方向性アップ	12 スタンスラインどおりに飛ばす	●	●	
	13 コントロールショット	●	●	

	14 スライス、フックの矯正		●	●
	15 球筋を打ち分ける	●	●	
飛距離アップ	16 ヘッドスピードアップ		●	
	17 腰を切る		●	
	18 飛距離を伸ばす体重移動		●	
スイング実戦	19 アッパーブローとダウンブロー	●		●
	20 傾斜の克服			●
	21 朝イチショットを成功させる重心位置	●		●
アプローチ	22 距離に合った構え			●
	23 短い距離のアプローチ		●	
	24 方向性と距離感を高める			●
	25 ザックリ&トップ撲滅			●
	26 「上げる」「転がす」のコントロール			●
パッティング	27 インサイド・インのストローク	●	●	
	28 目線だけでラインを追う			●
	29 ヘッドアップ防止			●
	30 シンプルなストローク		●	

第三章　クラブを持たずに練習しよう

練習ドリル
1
アドレス

体がスムーズに動くアドレス

アドレスで背中が丸まってしまうと体がスムーズに動きません。そうなる原因は構え方にあります。ポイントは左右の肩甲骨を近づけ、少し閉じた状態にすることです。左右の肩甲骨を近づけると、適度に背すじが伸びた状態で胸を張れるため、体がスムーズに動く体勢になれます。この体勢を作るには、左右の肩甲骨を近づけたら両腕を胸の前に上げ、肩のつけ根から動かすようにして、腕を後ろから前へ大きく回します。そして手が胸の前に戻ったところで前傾して構える。こうするとアドレスで、肩甲骨が後ろに引けて左右の間隔が狭まり、胸が張れた状態になります。

アドレスにかぎらず、仕事の合間にイスに座ったままでも、肩甲骨を近づけるイメージをもちながら、軽く背すじを伸ばして胸を張ってみてください。

普段から心がけることで、美しいアドレス姿勢が簡単に作れるようになります。

背すじの伸びた美しいアドレス

①左右の肩甲骨を近づけ胸を張る

真っすぐ立って、肩甲骨を寄せたまま、両腕を胸の前に伸ばす。

②前から後ろに大きく両腕を回す

前に伸ばした両腕を、体の正面から背中側に回す。途中でしっかり胸が張れる。

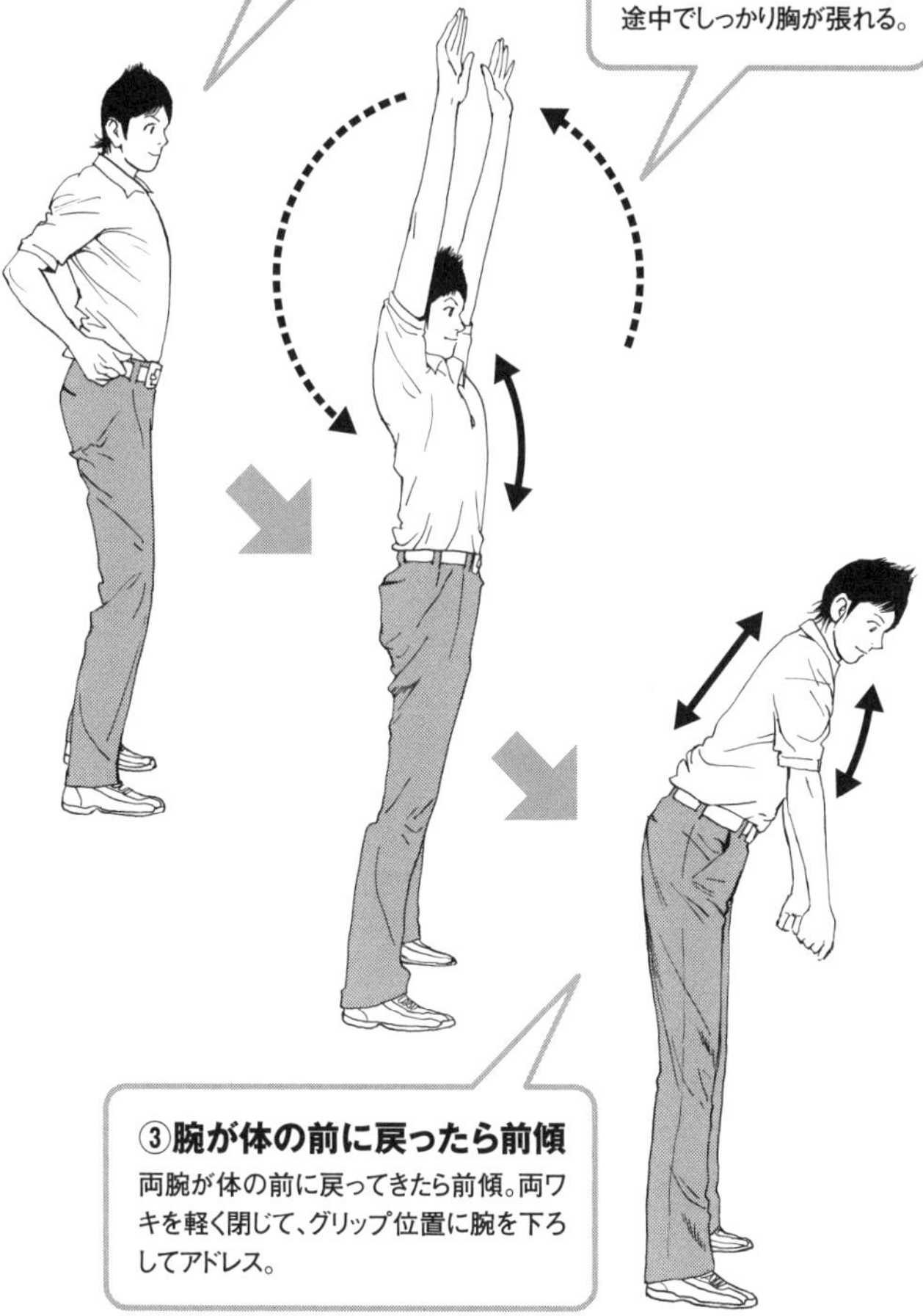

③腕が体の前に戻ったら前傾

両腕が体の前に戻ってきたら前傾。両ワキを軽く閉じて、グリップ位置に腕を下ろしてアドレス。

練習ドリル 2 アドレス

いつでもどこでも同じアドレス

同じスイングを反復するのは困難ですが、同じアドレスをとることはできます。まずスイングのスタンス幅をとり、両手を真横に垂らし、軽く胸を張って真っすぐに立ちます。ひざは伸ばしたままでＯＫです。次に骨盤を前傾させます。お腹からグニュッと曲げず、骨盤全体を前傾させるイメージです。軽く背すじを伸ばして胸を張り、ひざを伸ばしたまま上体を前傾させると、自然に腰が高い位置にきます。頭の後ろで手を組んだまま前傾してもＯＫです。最後に両腕の力を抜いてだらんと自然に垂らし、ひざを気持ちゆるめます。曲げるのではなく、クッションを効かせるイメージで軽くゆるめるだけです。垂れた手の位置でグリップすれば、常に同じアドレスができます。家庭や職場では壁を背にしてやってみてください。

壁にお尻をつけると、つま先側に体重が乗り、壁の少し前に立つことになります。

基本アドレス姿勢を簡単チェック

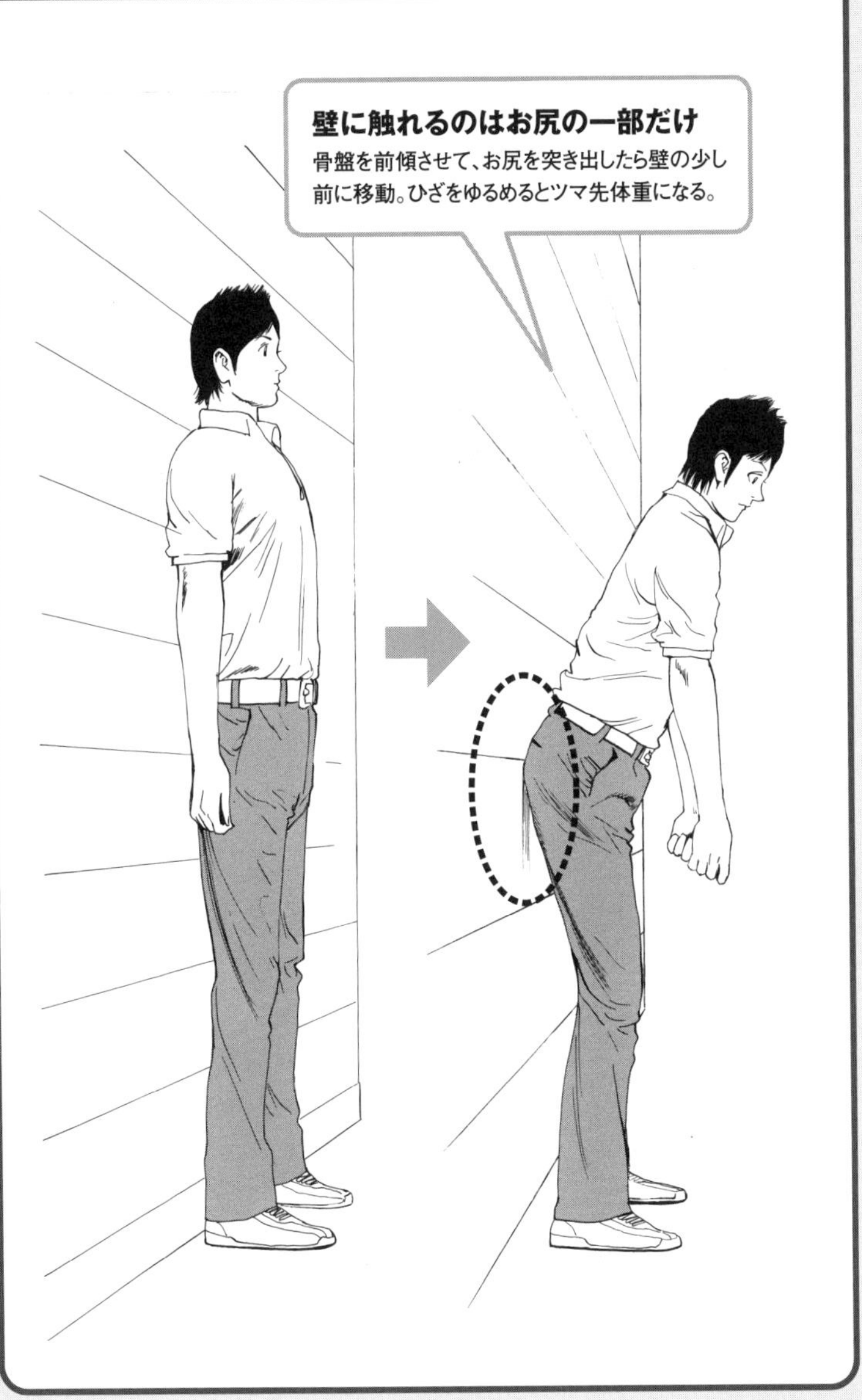
壁に触れるのはお尻の一部だけ
骨盤を前傾させて、お尻を突き出したら壁の少し前に移動。ひざをゆるめるとツマ先体重になる。

練習ドリル
3
アドレス

スクエアアドレス

アドレスでは姿勢作りが大事ですが、向きを合わせることも大事。ボールを飛ばしたいラインに対して、スクエアに構えるということです。

スクエアなアドレスをとる場合、ボールとターゲットを結ぶターゲットラインに対して、足、ひざ、腰、肩のラインが平行になります。練習場ではマットをはじめ、体のラインを合わせる際の指標がありますが、コースにはそれがないので、普段からスクエアを意識して立つようにしてみてください。たとえばトイレの正面の壁、駅のホームなら黄色いラインに対し、足、ひざ、腰、肩のラインを合わせて立つ。またはフローリングの床や畳のラインに合わせてもいいでしょう。

繰り返しているうちに、ラインに対する立ち方が記憶にとどまり、感覚として身につきます。ショットからパットまで、すべてのシーンで役立ちます。

あらゆるラインを利用してスクエア感を磨く

指標となるターゲットをみつける

床や地面にある真っすぐのラインに、足、ひざ、腰、肩のラインを合わせてスクエアに立つ。

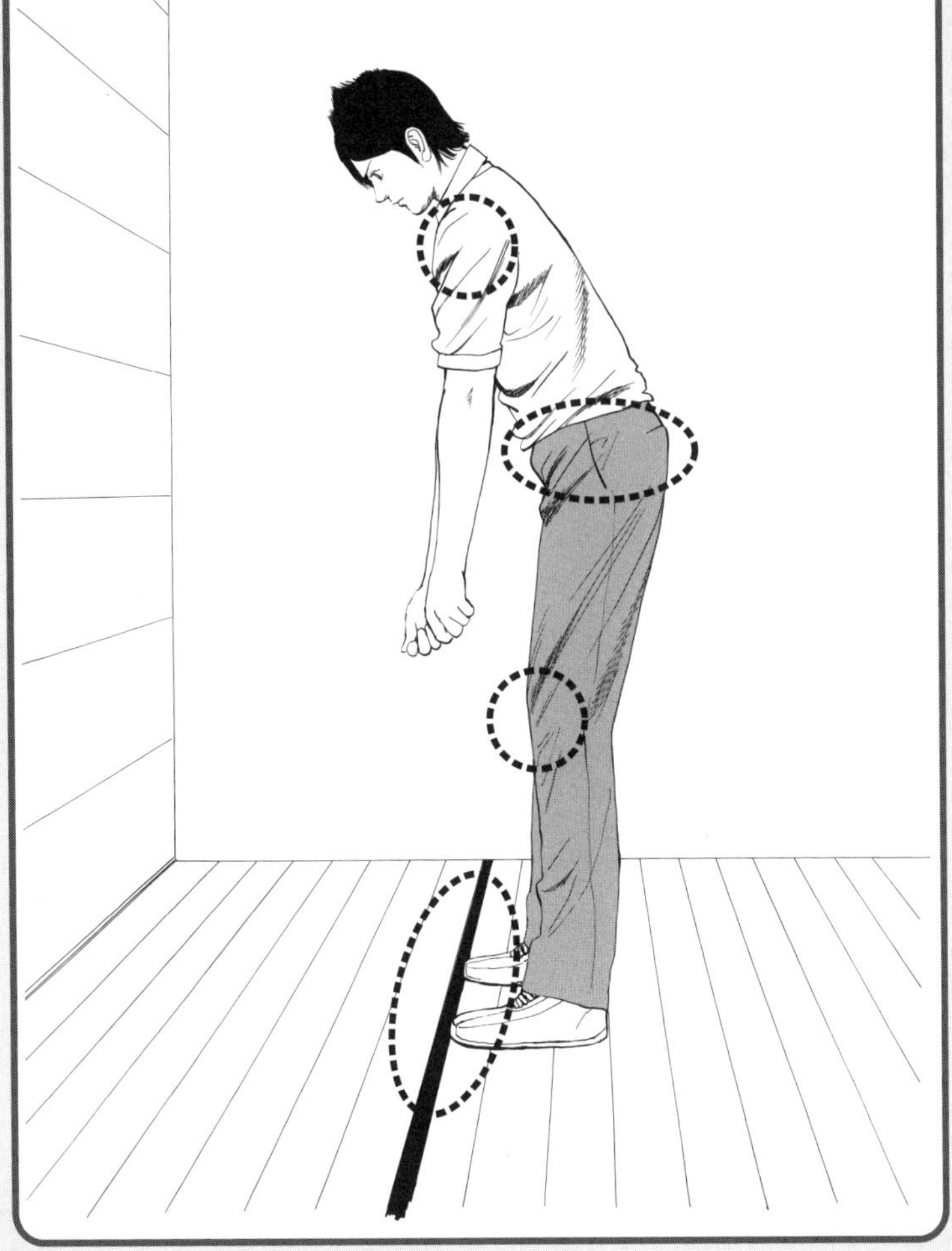

練習ドリル
4
スイング基本

左右対称のバックスイングとフォロー

まず両足を揃えて真っすぐに立ってください。その体勢で、右耳にそって右手を高く上げ、右ワキ腹を目いっぱい伸ばしてください。そして右ワキ腹を伸ばしながら、左手は下に向けて伸ばしてください。左側も同様です。

この動きを、ドライバーのスタンス幅をとってやってみてください。右手が伸びきったところで上体を前傾させ、左手を右手に近づけて合わせれば、上体が回っていないトップになります。その状態から左手を真っすぐ伸ばして左ワキ腹を伸ばし、右ワキ腹を縮めてください。そうするとフォロー時の状態になります。

形はともかく、バックスイングでは、右ワキ腹が伸びて左ワキ腹が縮む。フォローでは左ワキ腹が伸びて右ワキ腹が縮む。この動きを体に沁み込ませれば、スイングで上半身をしっかり使うことができるようになります。

ワキ腹の伸縮を意識したバックスイングとフォロー

①ワキ腹を目いっぱい伸ばす

右腕を上げて右ワキ腹が伸びた状態がトップ、左腕を上げて左ワキ腹が伸びた状態がフォロー。

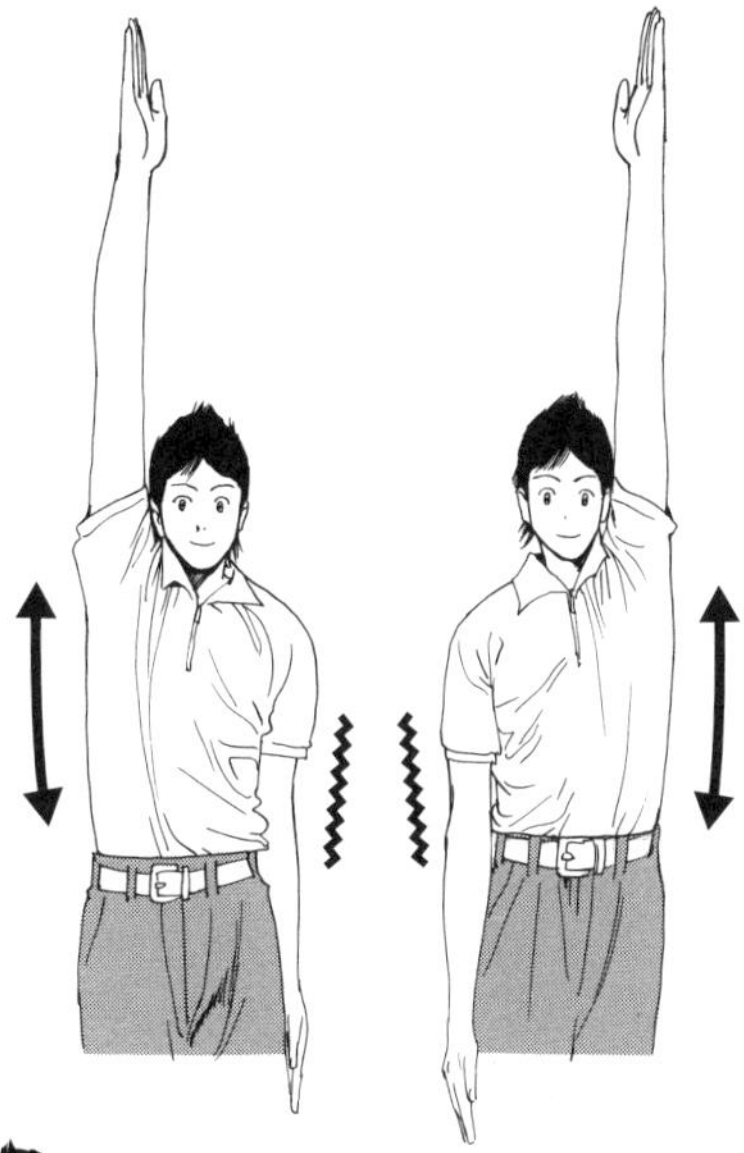

②グリップを作って実際にスイング

体を右に回しながら右ワキ腹を伸ばす。左に回しながら左ワキ腹を伸ばす。この動きで左右対称イメージが身につく。

練習ドリル 5 スイング基本

腰を使ったスイング

バックスイングでは右の股関節で上体を支えてエネルギーをため、フォローでは左の股関節で支えながら上半身を回転させる。これがスイング時の腰の働きです。ところがバックスイングで右腰、フォローで左腰が後ろに引けてしまう人がほとんど。股関節を使えていないのでエネルギーが貯まらず、軸もブレてしまいます。

これを防ぐにはまず、スタンス幅を狭めにし、つま先を内側に向けます。その姿勢で右に目いっぱい腰を突き出します。同じ要領で左にも目いっぱい腰を突き出しましょう。前者がバックスイング、後者がフォローの腰です。体重がしっかり乗っていると、横から腰を押されても動きませんが、腰が引けていると、ちょっと押されただけでもよろけてしまいます。また腰が回りすぎても力が入りません。この股関節に体重が乗るドリルは、つり革につかまりながらでもやることができます。

股関節に体重が乗る感覚をマスター

腰を左右にキュッと突き出す
右に突き出したらバックスイング、左に突き出したらフォロー。つま先を内側に向けるのがポイント。

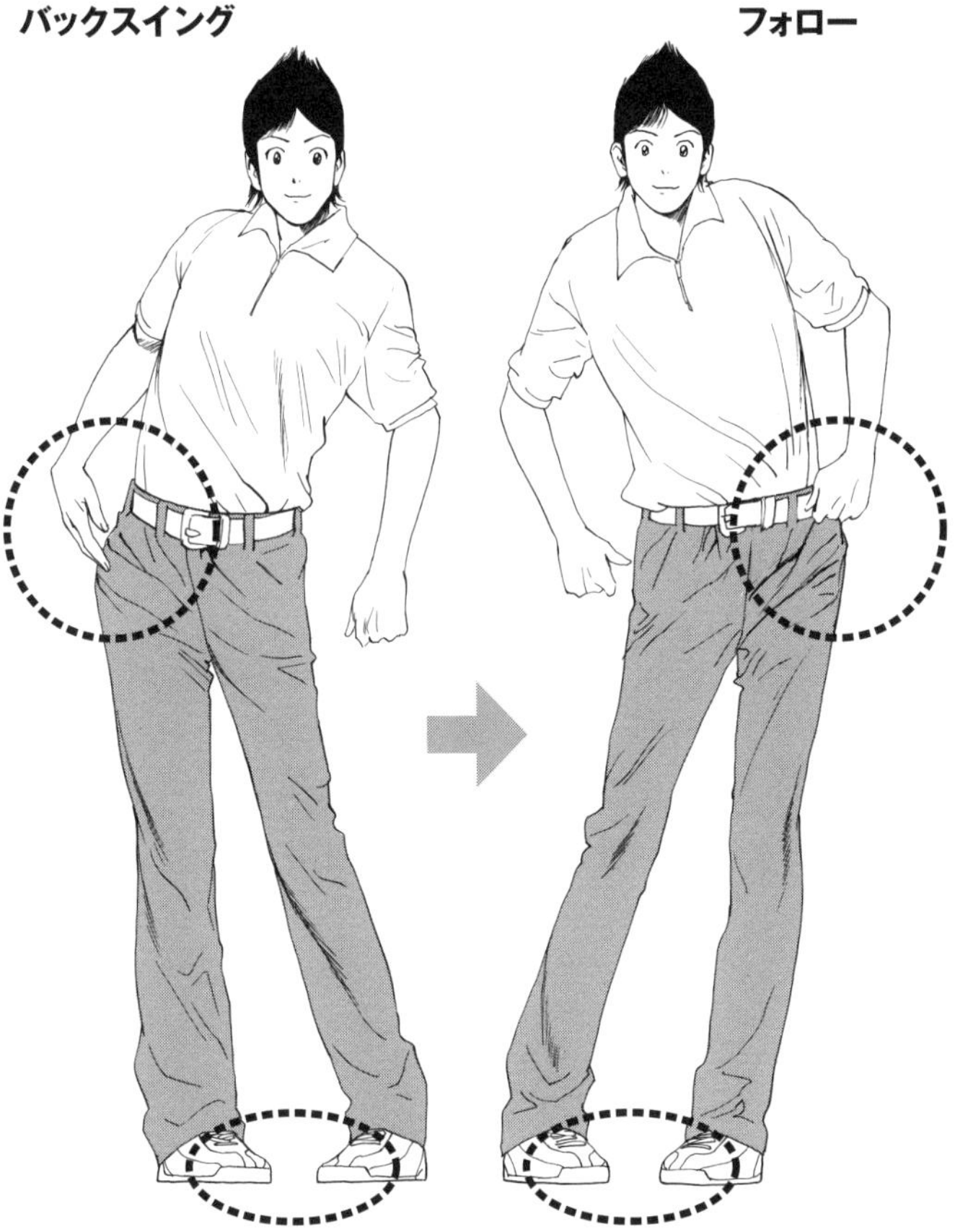

練習ドリル
6
スイング基本

自分のスイングプレーン

真っすぐに立ち、体の正面で両手を肩の高さまで上げてください。その体勢をキープしたまま、両手の間隔を変えずに腰から上を左右にひねります。右にひねれば両手は右を、左へひねれば左を指します。次にその状態で前傾します。手の位置は変えずに、骨盤から上をアドレスの要領で前傾させてください。その体勢で同じように上体を左右にひねってみましょう。右へひねればバックスイング、左へひねればフォロー。腕がたどるラインが、スイングプレーンとなります。

クラブや体のパーツの動きを気にしても、この動きができていなければ正しくスイングすることはできません。

お風呂上がりにやってみるなど、毎日一回繰り返すだけでも、本来のスイングのように体をシンプルに動かせるようになります。

腕がたどるラインがスイングプレーンになる

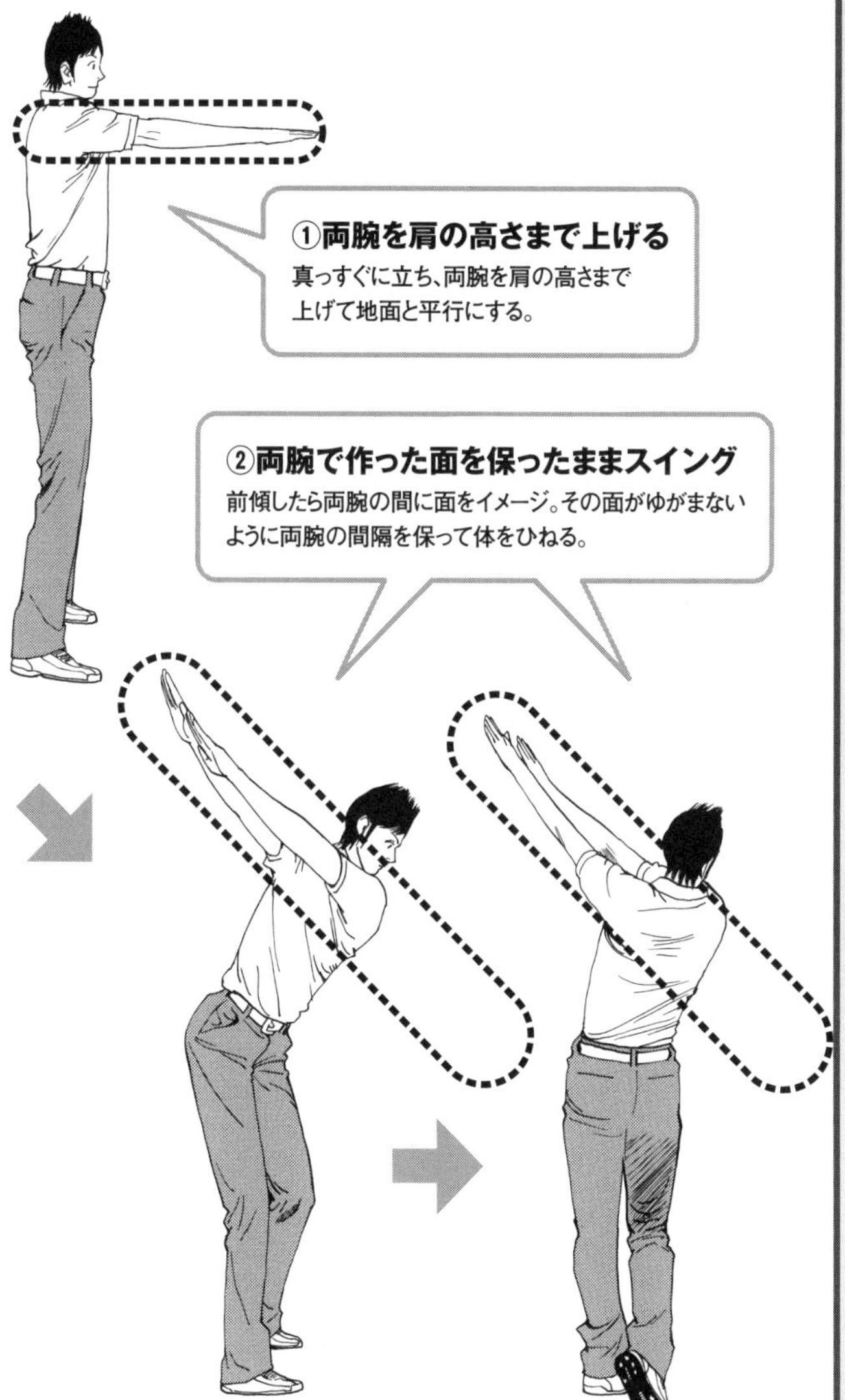
①両腕を肩の高さまで上げる
真っすぐに立ち、両腕を肩の高さまで
上げて地面と平行にする。
②両腕で作った面を保ったままスイング
前傾したら両腕の間に面をイメージ。その面がゆがまない
ように両腕の間隔を保って体をひねる。

練習ドリル 7 スイング基本

正しい体の捻転

スイングでは上半身と下半身を逆方向に回すイメージの捻転が必要になります。仰向けになって上半身を上に向けたまま、腰から下を左右にひねる腰のストレッチが、そのままスイングの捻転の習得に役立ちます。

朝か夜、布団の中で寝転がりながら、体全体を右に向けて横臥する形をとり、腰から下だけを左へひねってみてください。多少上半身が左に回ってもＯＫです。右にひねった上半身は右向き加減のまま、下半身は左にターンしはじめます。

この状態がスイングにおける切り返しにあたります。腰のストレッチができると同時に、スイングの動きもイメージできます。また上半身を左、腰から下を右に捻転すれば、フィニッシュで体が左にねじりやすくなります。そうすると、体をねじりながら最後までしっかり振り抜けるようになります。

寝転がりながら捻転を習得

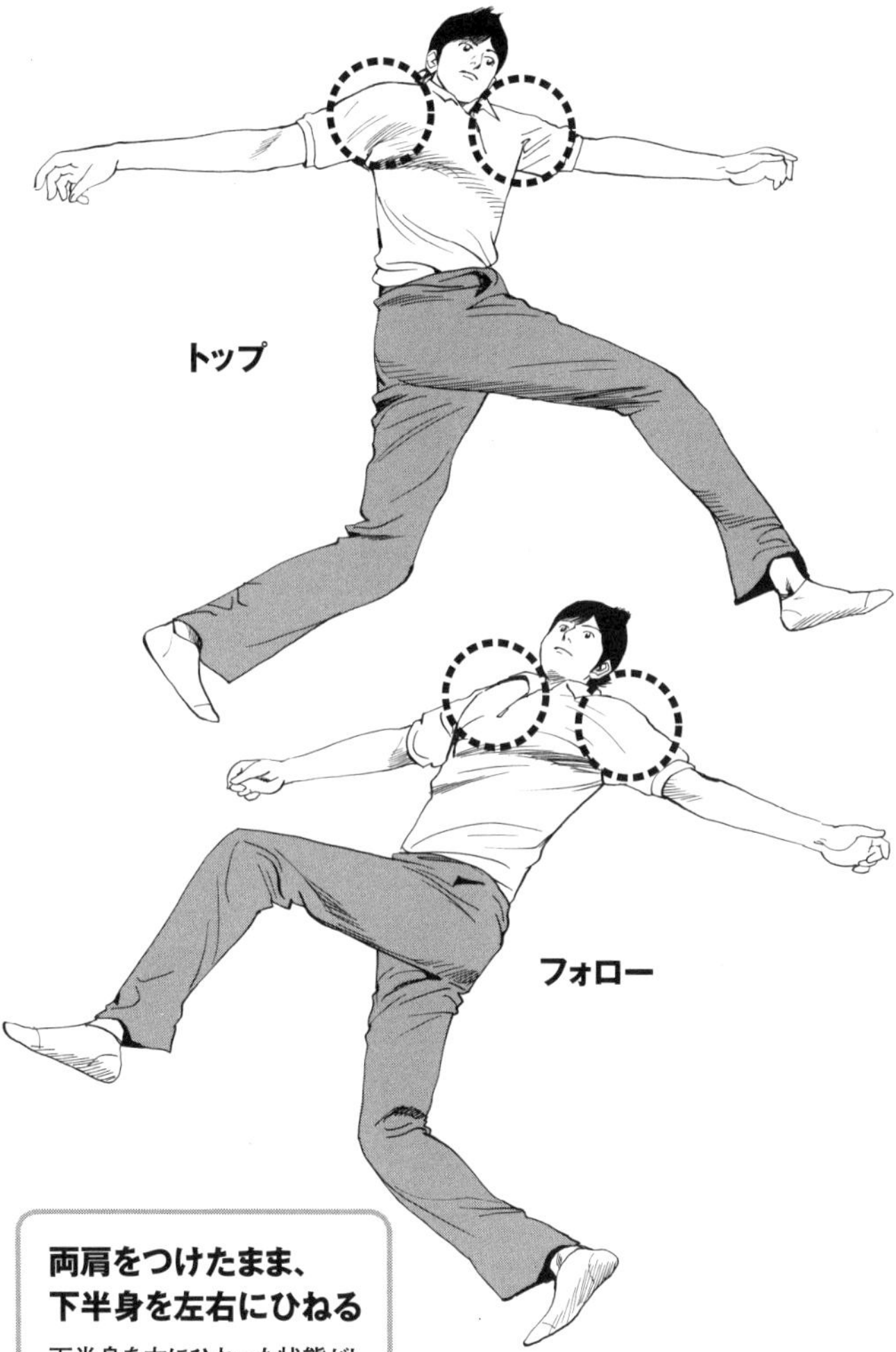

両肩をつけたまま、
下半身を左右にひねる

下半身を左にひねった状態がトップ。下半身を右にひねった状態がフォロー。

練習ドリル 8 スイング基本

番手どおりの飛距離とスピン量

インパクトでは、ボールを弾くのではなく、ボールを押し込むことが重要です。押し込むことではじめて、適度にスピンがかかり、番手なりの飛距離が打てます。押し込むということは、下半身を使って打つということ。それを体感できるのがこのドリルです。

左のイラストのようにテーブルや壁など、押しても動かない固定されたものに対して、アドレスの形を作ってください。そのままグリップの位置を変えず、腰を押し込んでインパクトの形を作ります。腰を押し込むことで、ボールを押し込む感覚も得られます。これが正しいインパクトの姿です。難しければ、上体をアドレスと同じ向きのままにしておき、下半身を目標方向に向けるだけでも構いません。手が前に出なくなるので、ヘッドが遅れすぎてフェースが開くのも防げます。

インパクトで押し込むイメージをつかむ

手元でモノをグッと押す

アドレス時のグリップ位置を変えず、
腰を左へ回すとインパクトの形になる。

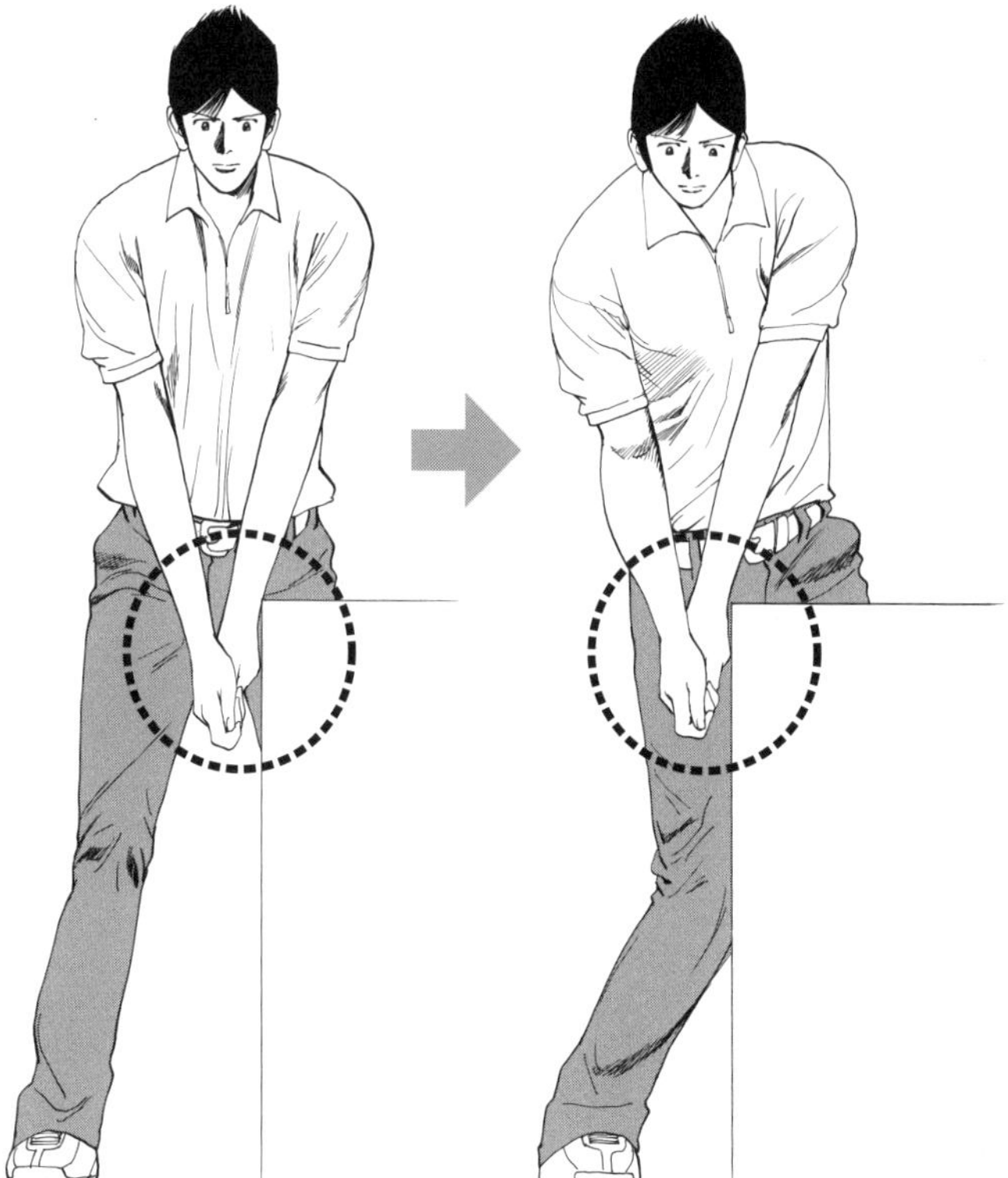

練習ドリル
9
スイング基本

長いインパクトゾーンとフォロー

ポイントになるのは手首の使い方です。ダウンスイングからインパクトでは、手首のコックをほどくので、インパクトではアドレスの時より手首が伸び、手の位置がわずかに上がります。問題はその後です。多くの人はインパクト後すぐに、再び手首を親指側に折ってしまいます。それだけでなく、クラブを自分の体の方に引き寄せています。それではスイングアークが大きくならないだけでなく、フェースの開閉も不規則になりがちです。

そこでインパクト後に、右手の人さし指を地面に向けるように振ってみましょう。こうすることで右腕が伸びるので、インパクトゾーンが長くなり、フォローのアークも大きくなります。インパクト後に、ヘッドを低く長く出せるわけです。さらに、体の回転にともなって、ゆるやかにフェースが閉じるので、方向性もアップします。

方向性がアップする低く長いインパクトゾーン

× BAD

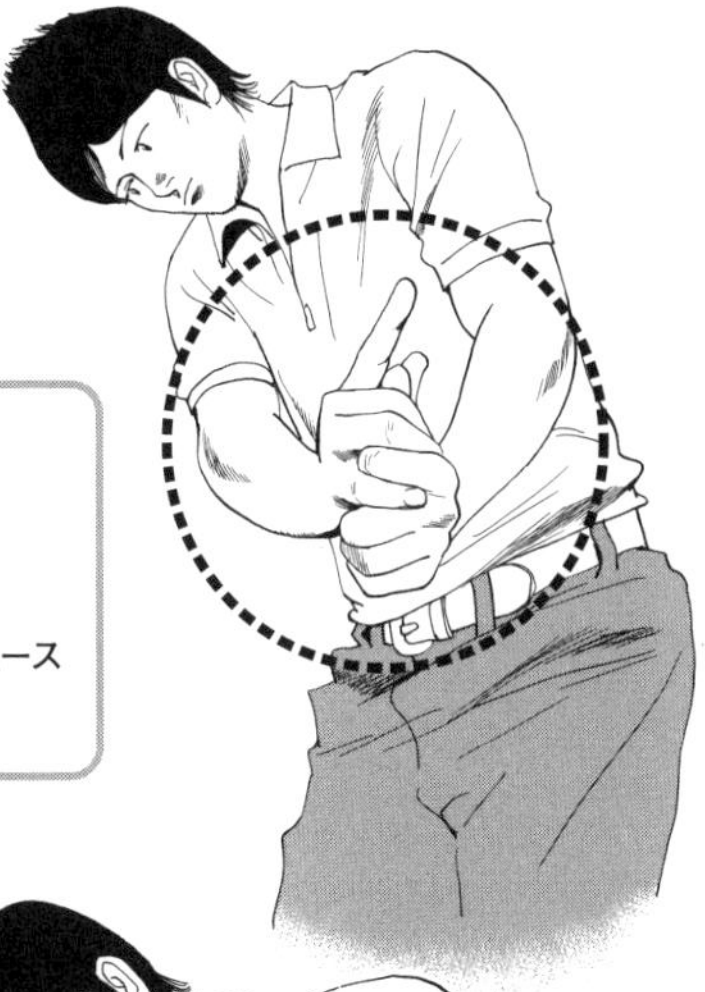

手首を折ると
インパクトゾーンが
短くなる

スイングアークも小さくなり、フェースの開閉も不規則になってしまう。

○ GOOD

人さし指を地面に向けると
インパクトゾーンが長くなる

インパクトでコックをほどいた後、フォローでこの形になればインパクトゾーンが低く長くなる。

練習ドリル
10
スイング基本

ダイナミックに振り切れる体重移動

体重移動の得手不得手はふたつのパターンに分かれます。ひとつはバックスイングで右足に体重が乗らないパターン。もうひとつはバックスイングで右足に乗せた体重を左へ移動できないパターンです。前者の場合、無理して右足に乗せ切る必要はありませんが、後者は右足に体重が残ったままなので、体を左に回せません。

後者タイプの人は、フィニッシュまでいった後、さらに右足を一歩前に踏み出してみてください。そうすると体重が右足に残らず、体の回転も促せます。

これは普段の練習でも効果がありますが、ラウンド前の素振りでも効果大です。とくにドライバーのティショットでは曲げたくないあまり、スイングが小さくなりがちです。ドライバーこそ中途半端に振るとミスになりがち。この素振りで、体重移動がしっかりできれば、最後までダイナミックに振り切ることができます。

ドライバーのティショットで振り切れる体重移動

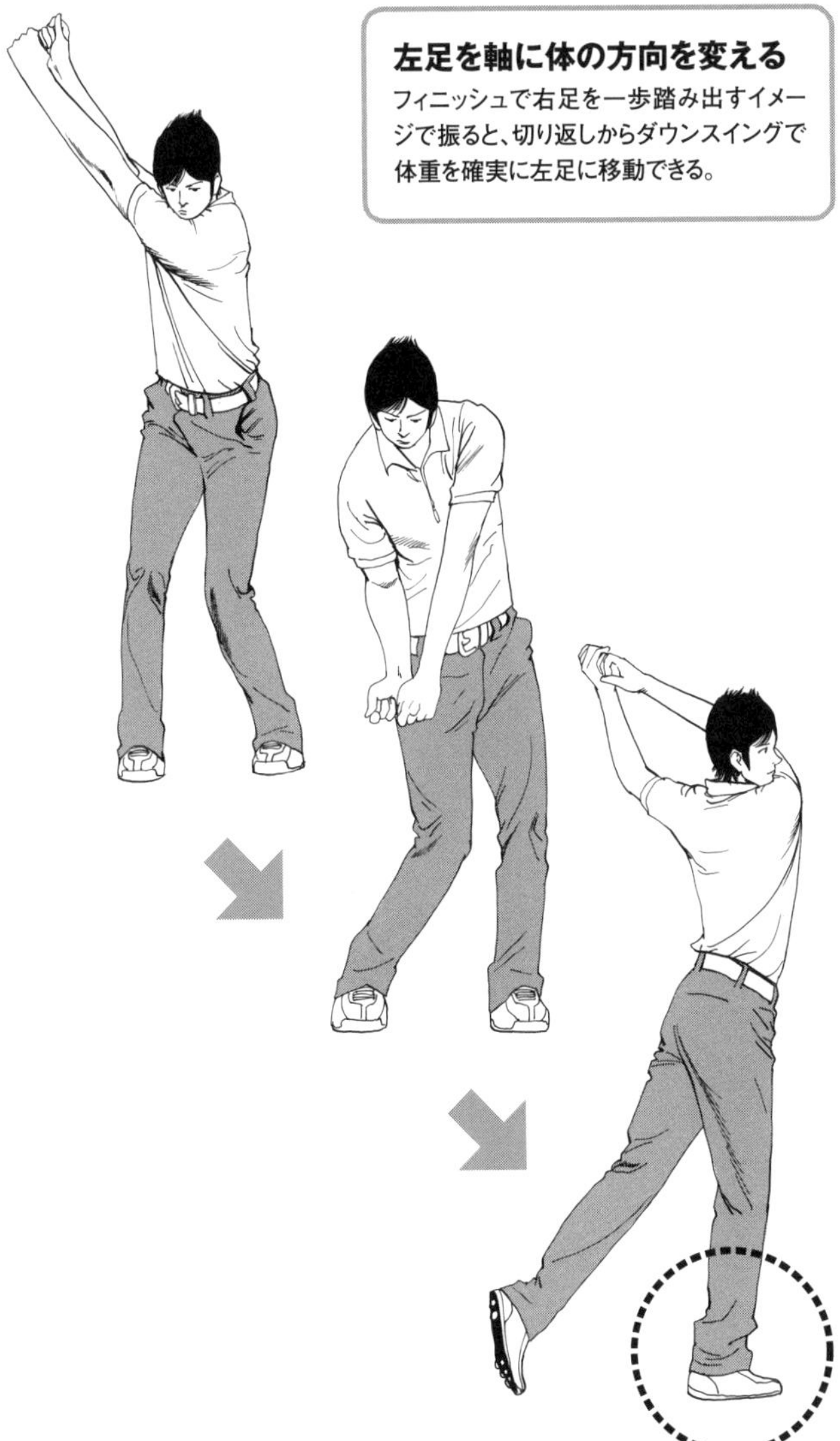

左足を軸に体の方向を変える

フィニッシュで右足を一歩踏み出すイメージで振ると、切り返しからダウンスイングで体重を確実に左足に移動できる。

練習ドリル
11
スイング基本

リストコック

イスに浅く腰掛け、両足を広げて踏ん張ってください。スイング中の手の動きを修得することが目的なので、下半身は動かしません。あとは振るだけですが、座っているからといって、バットを振るように水平には振らないようにしてください。

スイング中は、手首をタテ方向に折るコックが入ります。この動きを意識して手を動かしてください。バックスイングでは腕を上げるとともに、コックを使ってトップの位置にクラブを運ぶイメージ。トップからインパクトへの過程ではコックをほどいて床面でインパクト。そこからフィニッシュでは、再びコックを使って、左肩まで上げます。インパクトを底とするV字軌道を描くイメージです。スイング中、手は上げ下げするだけでいいことを感覚としてつかんでください。

何も持たなくても構いませんが、ペットボトルなどを持つとより効果的です。

リストコックでV字軌道イメージをつかむ

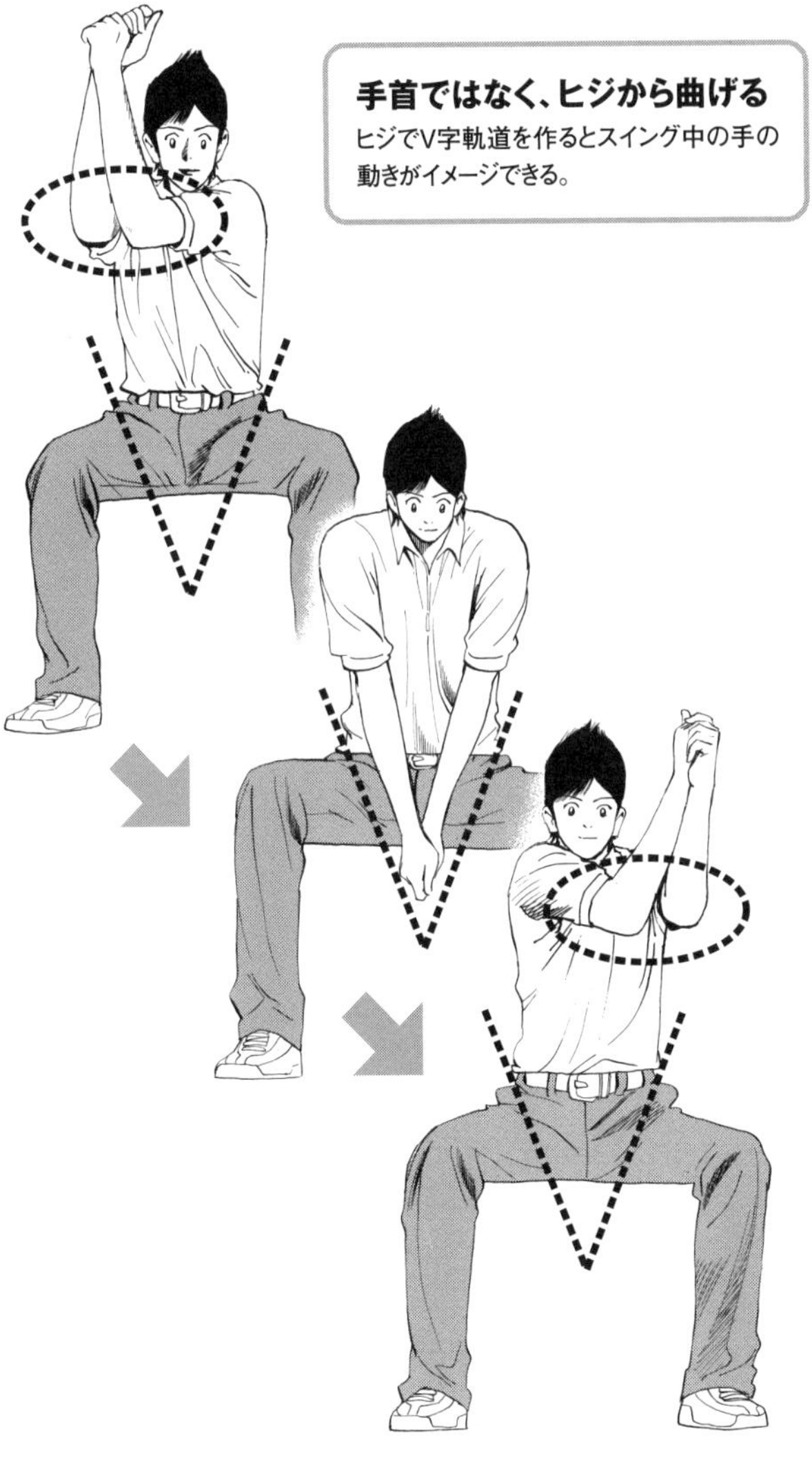

手首ではなく、ヒジから曲げる
ヒジでV字軌道を作るとスイング中の手の動きがイメージできる。

練習ドリル
12
方向性アップ

スタンスラインどおりに飛ばす

「スイングでは、おもに体のどの部分を使っているでしょうか?」という問いをプロや上級者にぶつけると、たいていの人は「足を使って振る」と答えます。

足を使うには、アドレス時のスタンスラインを、できるかぎり崩さずに打つことです。打った後、右足に体重が残って左足のつま先が上がったり、ダウンスイングで右足のかかとが早く上がると、結果的にミスショットが出やすくなります。

足のラインを崩さないように振るためには、バックスイングで左足内側のくるぶし、フォローでは右足内側のくるぶしを地面につけるイメージで、内側に踏み込むように動かしてみてください。こうすると足が多少動いても体のラインは崩れないので、方向性が安定します。

この動きをゆっくりやると足の柔軟性も高まり、ケガの予防にも繋がります。

足のラインを崩さず、方向性を安定させる

左右のくるぶしをつけて
スタンスラインを確保

バックスイングでは左足内側のくるぶし、
フォローでは右足内側のくるぶしを寝かせる。

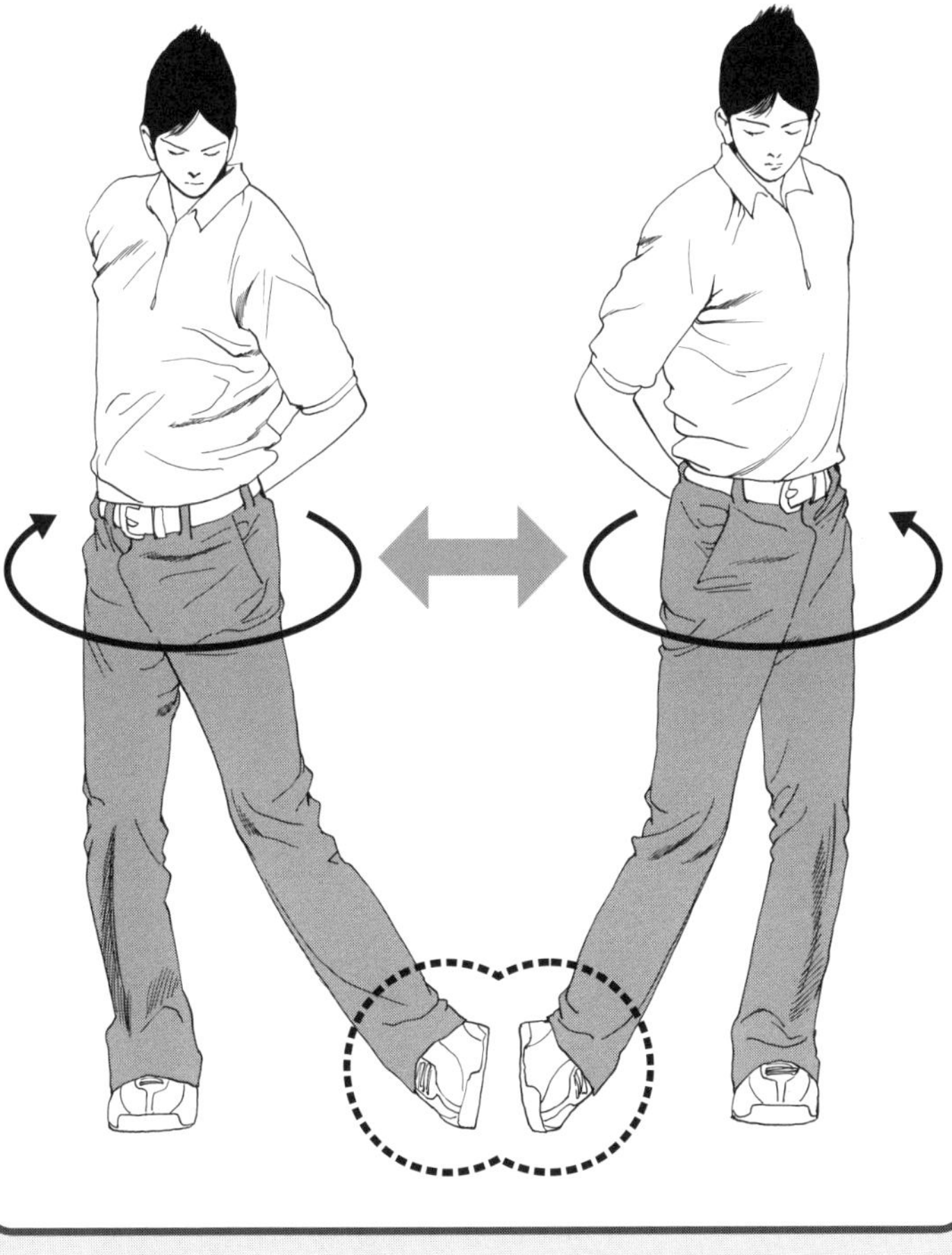

練習ドリル
13
方向性アップ

コントロールショット

コントロールショットは、バックスイングでの左腕および、フォローでの右腕のポジションを意識すると、イメージどおりに打ちやすくなります。

バックスイングで左腕が地面と平行になったところでは、左腕とターゲットラインも平行になります。同じように、フォローで右腕が地面と平行になったところでは、右腕とターゲットラインも平行になります。各々のポジションでの腕とターゲットラインの関係を、シャドースイングで体に覚え込ませるのです。バックスイングで左腕がインサイドに引けると、フォローでアウトサイドに出てプッシュアウトが出やすくなります。また、バックスイングで左腕がアウトサイドに引けると、フォローでインサイドに引き込んで引っかけやすくなります。

このドリルは、やや前傾してやってみることがポイントです。

バックスイングとフォローにおける腕のライン出し

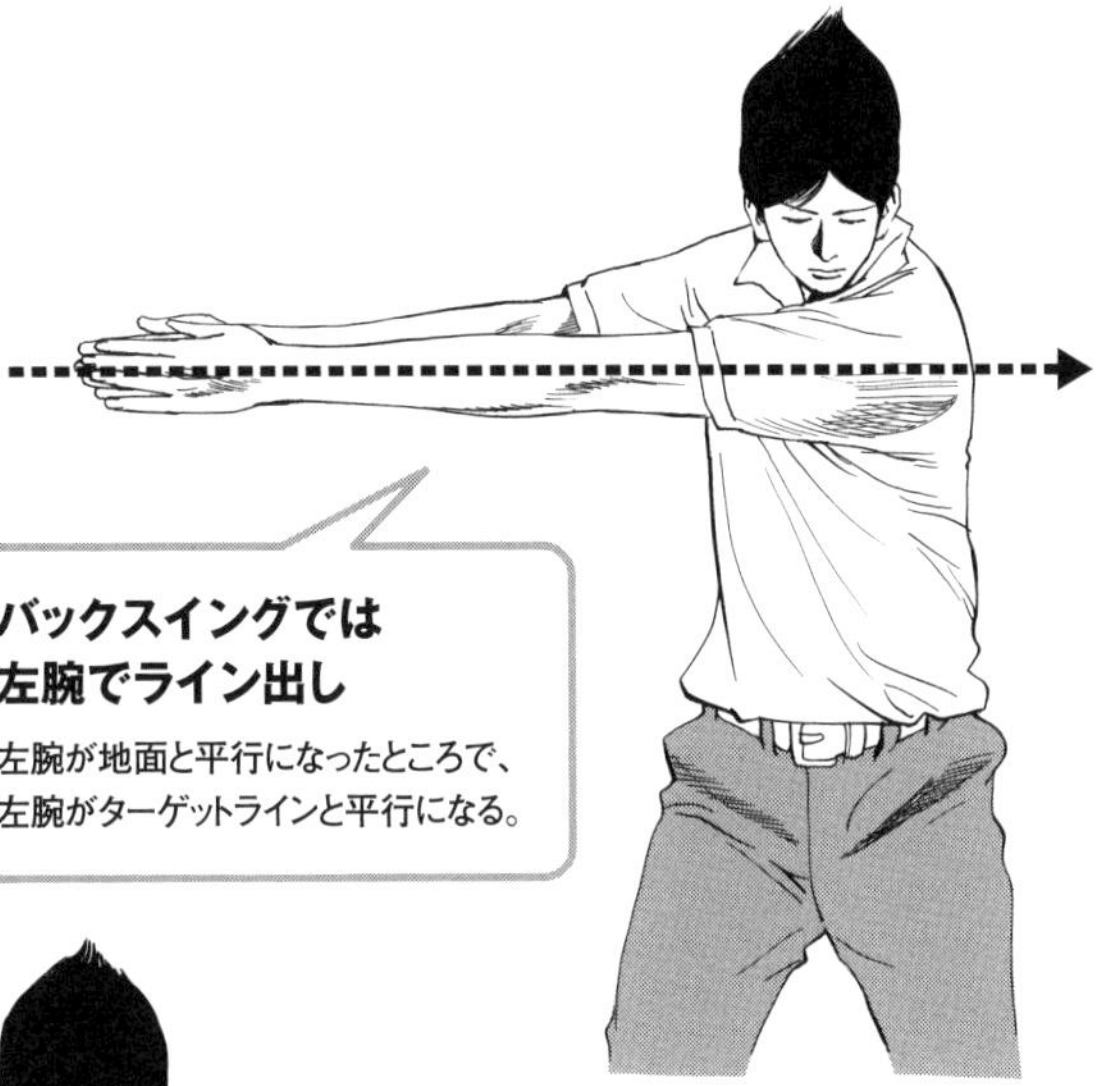

バックスイングでは
左腕でライン出し

左腕が地面と平行になったところで、
左腕がターゲットラインと平行になる。

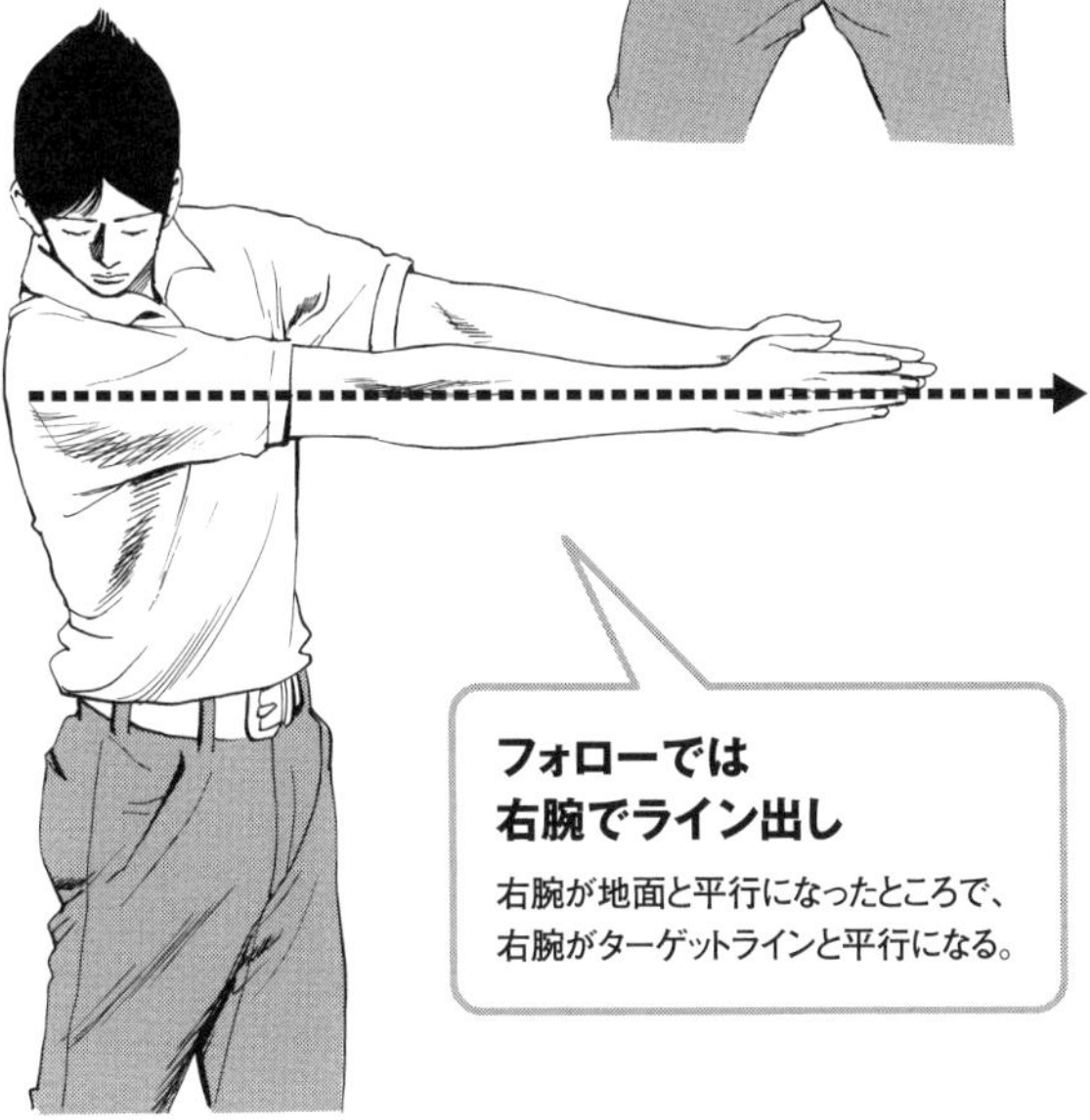

フォローでは
右腕でライン出し

右腕が地面と平行になったところで、
右腕がターゲットラインと平行になる。

練習ドリル
14
方向性アップ

スライス、フックの矯正

スライスの原因となるアウトサイド・インのスイング軌道を直すには、極端なインサイド・アウトで振ってみてください。極端に低いところから高いところへ向かって振り抜くイメージです。インサイド・インに振り抜くぐらいの大胆なイメージでも構いません。

逆にフックの原因となるインサイド・アウトのスイング軌道を矯正するには、極端なアウトサイド・インで振ってみてください。こちらは上から下に振り抜く軌道なので、思いきって高いところから低いところに振ってみてください。

スライスで悩んでいる人は下から上、フックで悩んでいる人は上から下という極端なスイングプレーンをイメージした素振りをやっておくと、レベルに振ることがどういうことかもわかってきます。

極端なスイングでレベルに振ることも体得

インサイド・アウト

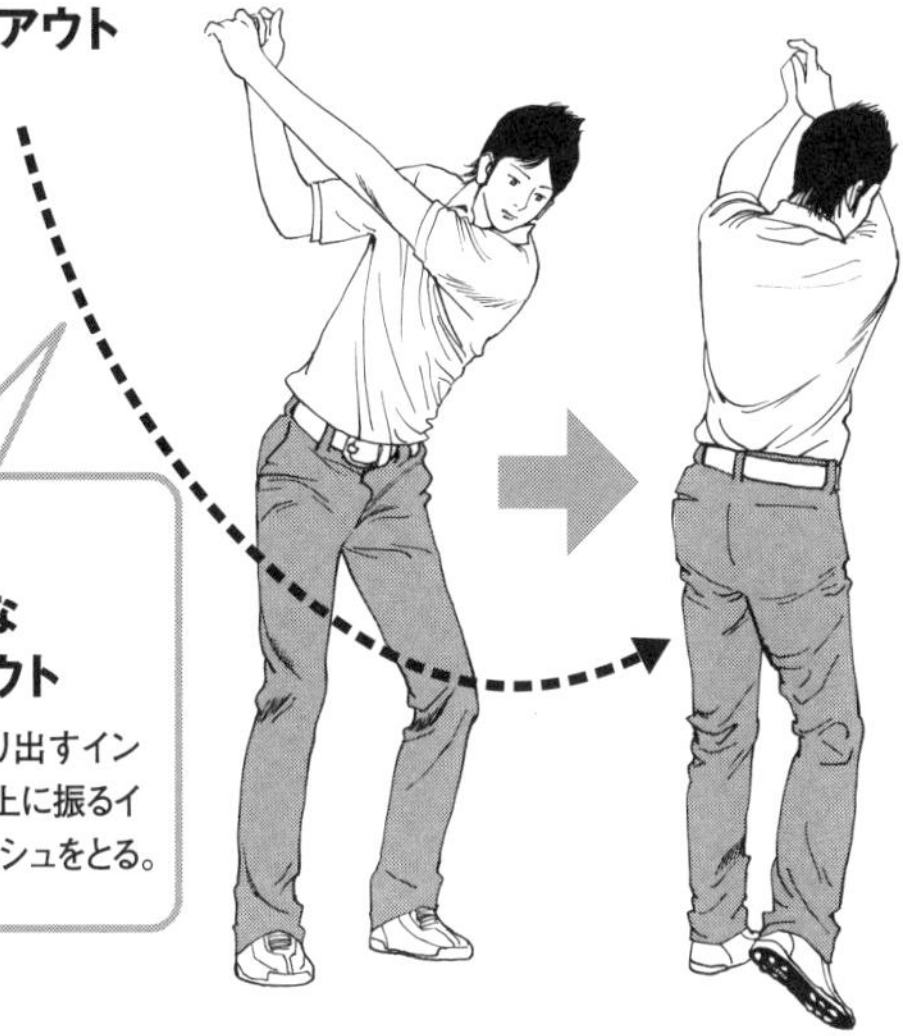

スライスを
矯正する極端な
インサイド・アウト

内に上げて外に振り出すインサイド・アウト。下から上に振るイメージで高いフィニッシュをとる。

アウトサイド・イン

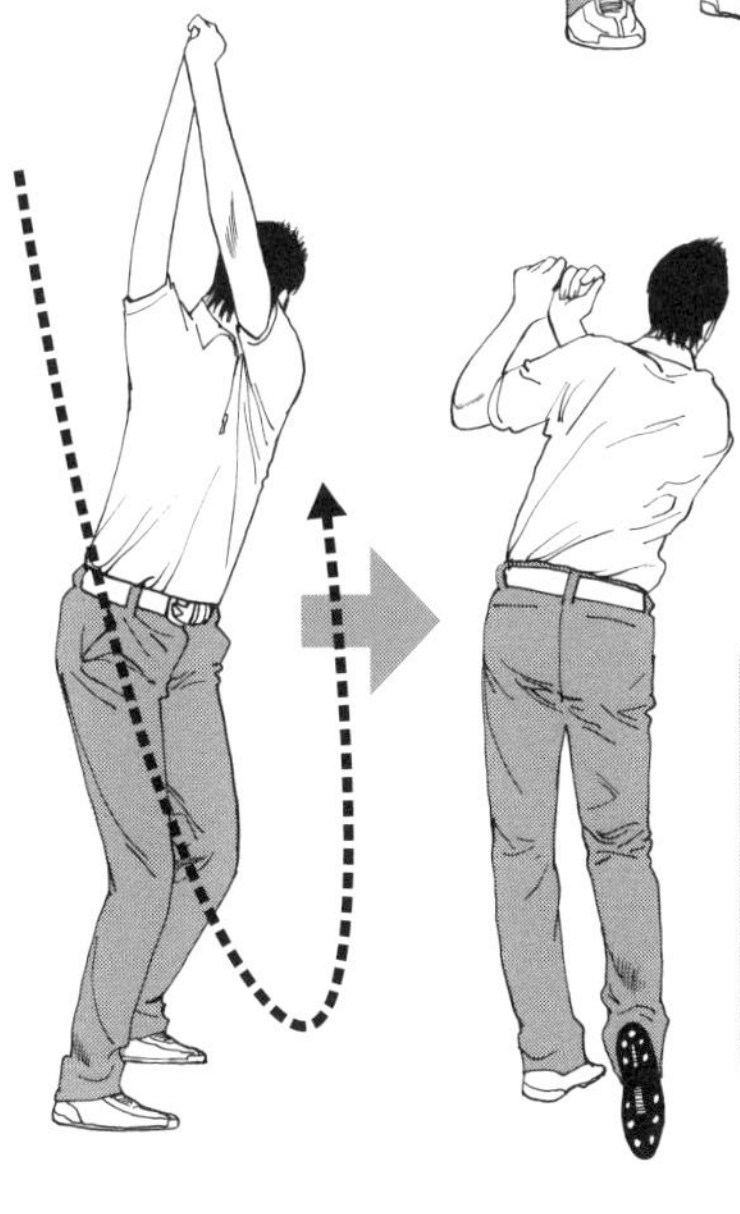

フックを
矯正する極端な
アウトサイド・イン

外に上げて内に下ろすアウトサイド・イン。上から下に振るイメージで低いフィニッシュになる。

練習ドリル
15
方向性アップ

球筋を打ち分ける

ドロー系のボールを打つ人のフィニッシュは、手が高い位置に上がって、クラブヘッドが左肩の後ろにくる感じになります。フェード系のボールを打つ人のフィニッシュは、グリップが左耳の少し上あたりにきて、クラブが肩と平行に近い感じで収まります。ドロー系はインパクトからフォローで下から上に振り抜くタテ振り、フェード系は、上から下に振っていくヨコ振りのスイングをした結果のフィニッシュです。つまりタテ振りのフィニッシュを目指すとドロー系のボール、ヨコ振りのフィニッシュを目指せばフェード系のボールが打てるようになります。

コースでも、ボールを打つ前にシャドースイングでフィニッシュのイメージを固めておけば、球筋を打ち分けられるようになります。自分が理想とするプロのフィニッシュを真似て、フィニッシュのイメージを固めるのも効果があります。

球筋を打ち分けるフィニッシュ

**フェード系は
フィニッシュが低く収まる**

アウトサイド・インがフェード系のスイング軌道。フォローがインに入って低いフィニッシュになる。

**ドロー系はフィニッシュが
高い位置に収まる**

インサイド・アウトがドロー系のスイング軌道。フォローがアウトに出るので高いフィニッシュになる。

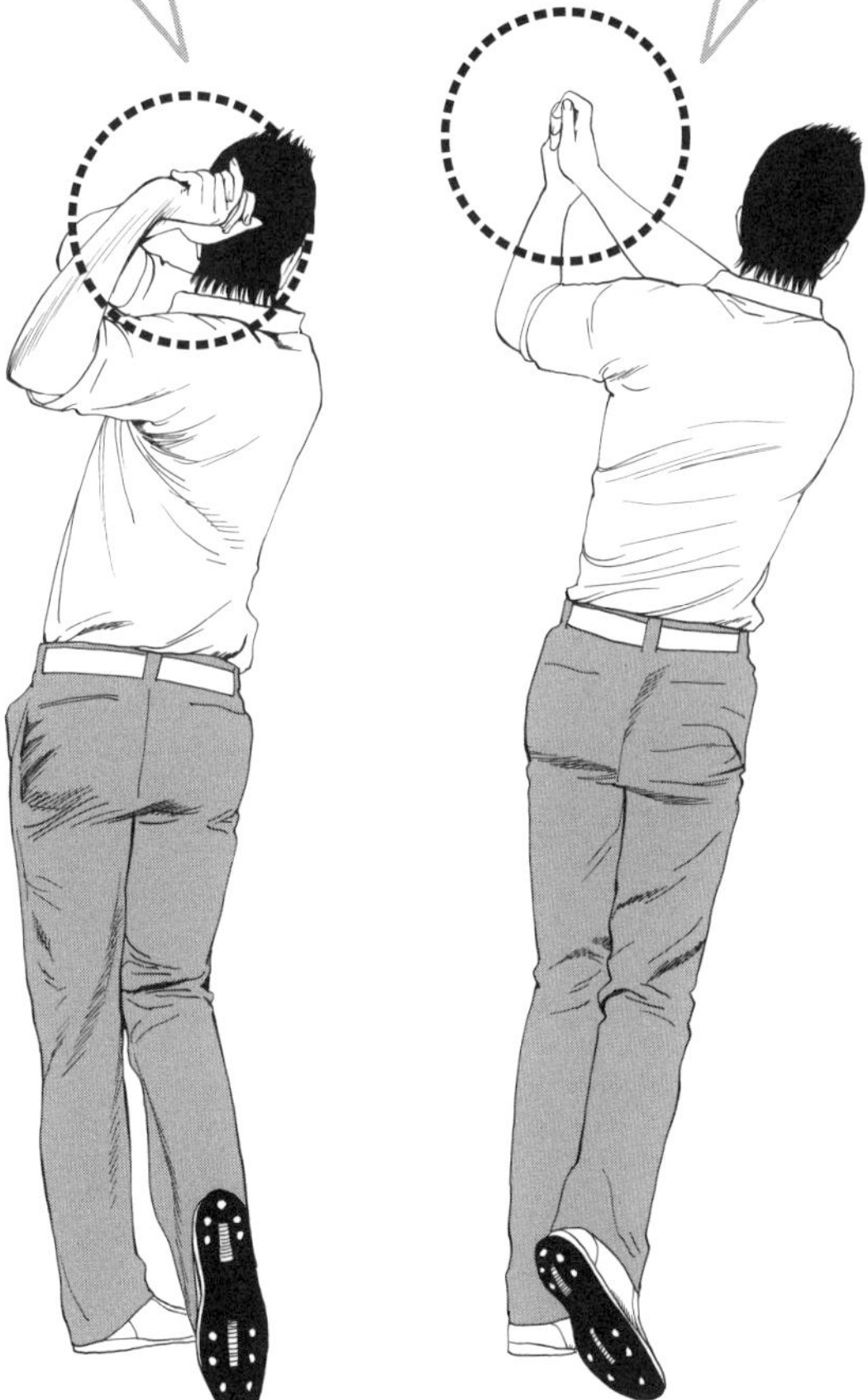

練習ドリル
16
飛距離アップ

ヘッドスピードアップ

「スイング時に手首を使ってはいけない」という場合、意味しているのは手首を甲側に折らないということです。手首にかぎらず「〜してはいけない」という固定概念が、動きをぎこちなくするのであれば、気にせず手首を使ってみてください。スイングにおける手首の使い方は、剣道の「面」、あるいは釣りでキャスティングするときの動きに似ています。キャスティングは片手になりますが、双方ともいったん親指側に手首を折り、手首を伸ばしながらひじも伸ばして、竹刀や竿の先端部分のスピードを上げたり、しならせたりします。

クラブもこれと同じ。インパクトからフォローで手首を使うことによって、ヘッドスピードが上がります。この動きをすると、フェース面が急激に返るのを抑えられるので、ショットの方向性もよくなります。

スイングにおける手首の使い方

ヘッドスピードが上がらない固定された手首

フェース面が急激に返ってしまい、
ショットの方向性も悪くなる。

× BAD

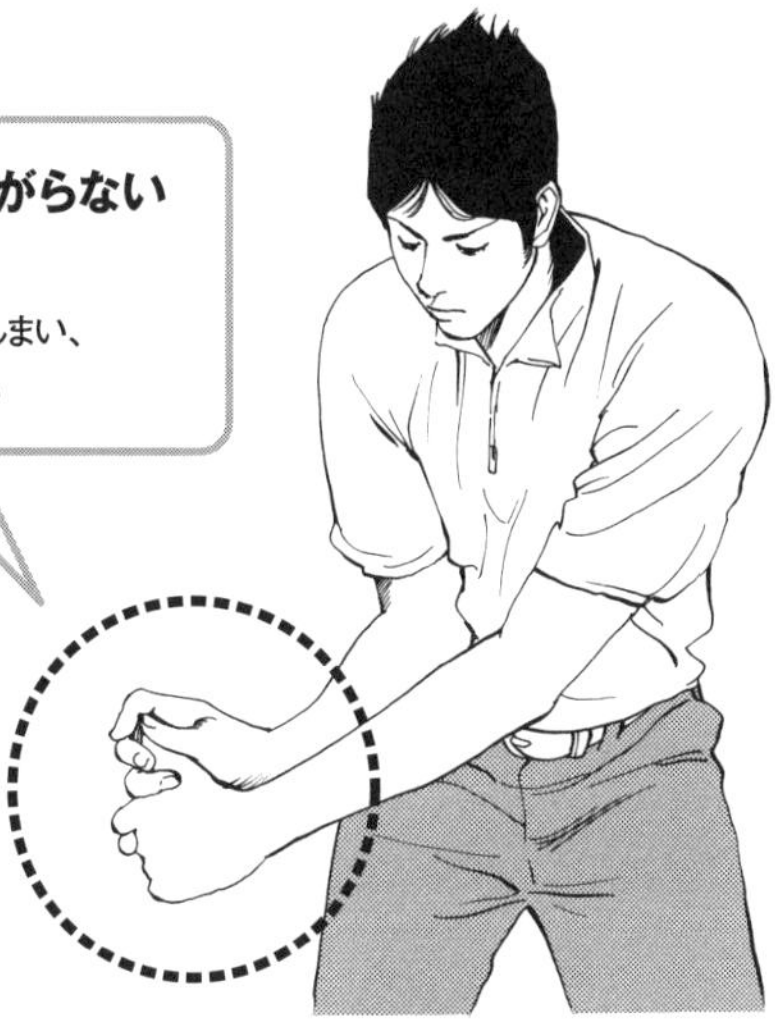

手首を伸ばしてインパクト

コックされた手首を地面に向かって伸ば
しながらインパクトするとヘッドスピードが
上がる。

○ GOOD

練習ドリル
17
飛距離アップ

腰を切る

ヘッドスピードを上げたい時、手を早く動かす人がいます。でもそれでは、フェースの向きも安定せず、正確性に乏しいショットになってしまいます。ヘッドスピードを上げるには、ボディスピードを上げることが必要です。つまり体をできるだけ速く回すことが大切なのです。プロはよく「腰を切る」という言い方をしますが、切り返しからインパクトに向けて素早く腰を回しています。するとヘッドが適度に遅れてシャフトがしなり、ヘッドスピードが上がります。

ここで気をつけてほしいのは、体の中心を動かさないこと。おヘソの下にある丹田というツボに、意識を集中させてください。スイング中は、丹田を低く保ちながら、スピーディに体を回す。アドレスの姿勢をとったら背中で手を組み、丹田を意識して体をビュンと回す。この動きでヘッドスピードが上がります。

ヘッドスピードを上げる腰を切る動き

体幹だけを右から左へビュンと回す

腕を使わないよう後ろで手を組み、右から左へ腰を速く回転させる。速く回せるほど飛距離がアップ。

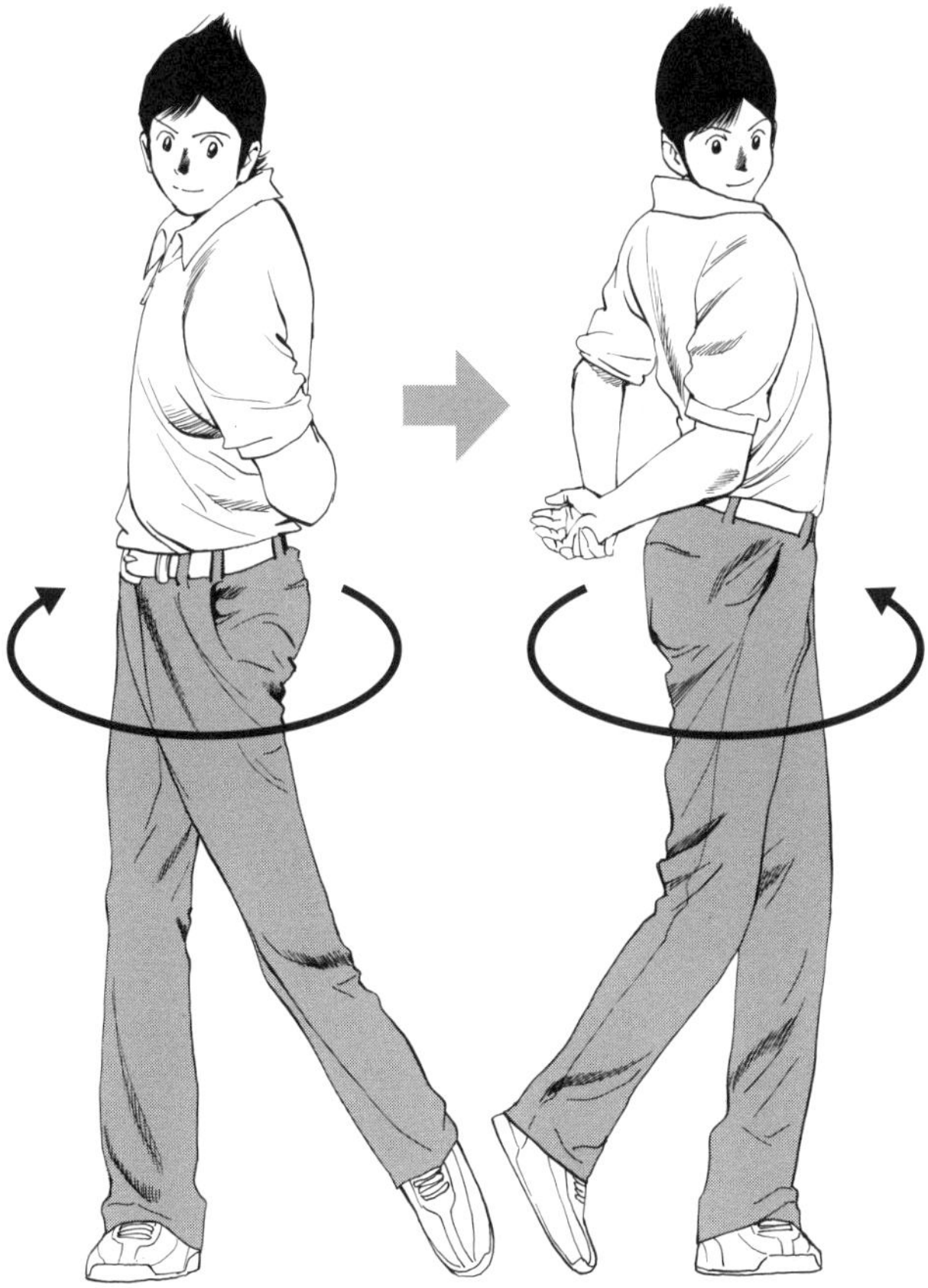

練習ドリル
18
飛距離アップ

飛距離を伸ばす体重移動

まずスイング時と同じスタンス幅をとって立ちます。次に両腕を広げて、肩の高さまで水平に上げてください。腕の高さをキープしたまま体を右に回し、回りきったら、さらに左腕を使って体を右に引っぱりながら、右足に体重を移動してください。この時、後ろにある右腕もしっかり伸ばしてくださ い。右足に体重を乗せて、左手をなるべく遠くにもっていきましょう。右に回せたら、今度は左に回します。体が左に回りきったら、右手ができるかぎり遠くにいくように、右腕を伸ばしながら体をひっぱり、体重を左足に乗せます。後ろにある左腕もしっかり伸ばしましょう。壁から離れて立ち、指先で壁に触るように体を回すと動きやすくなります。

体を右に回す時は右足に、左に回す時は左足にと、体重を股関節に乗せて回ることで確実に体重移動ができます。

体全体を使った確実な体重移動

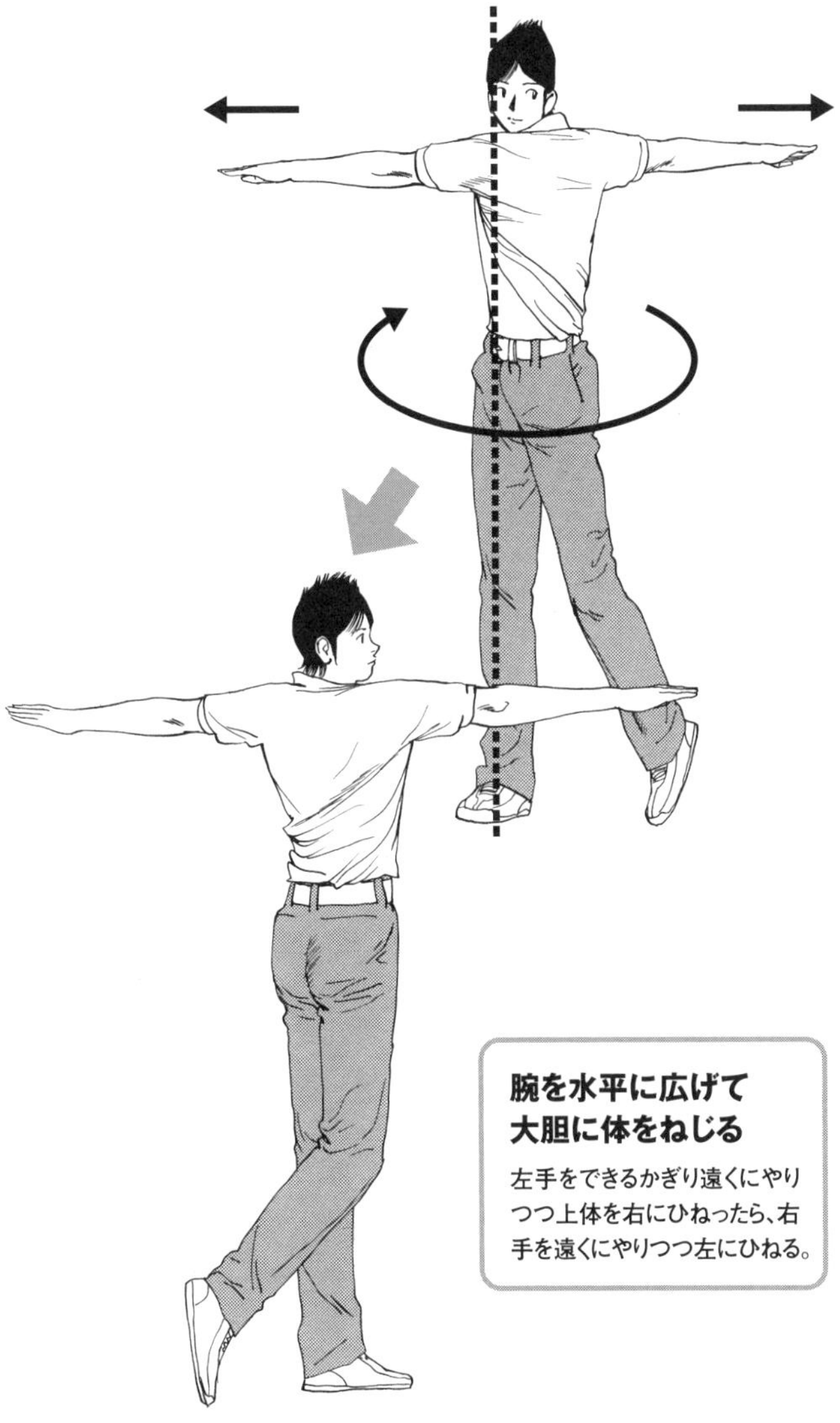

腕を水平に広げて
大胆に体をねじる

左手をできるかぎり遠くにやりつつ上体を右にひねったら、右手を遠くにやりつつ左にひねる。

練習ドリル
19
スイング実戦

アッパーブローとダウンブロー

ドライバーでボールが上がらない人は、アッパー軌道で打てていません。また、アイアンの距離感が合わなかったり、ダフりやトップが多い人は、ダウンブローで打てていません。まずは右足一本で立ち、そのまま素振りをしてみてください。終始、右足体重でスイングすると、スイング軸が右に傾きます。これにより、下から上に振るアッパー軌道のイメージがつかめます。アイアンの場合はこれと逆。左足一本で立って素振りをします。こうするとスイング軸が左に傾き、上から下に振る格好になってダウンブローのイメージがつかめます。

これはドライバーとアイアン限定のドリルではありません。あえて右軸（右足一本）、左軸（左足一本）で振ることで、体の中心に軸をおく感覚もつかめてきます。それがわかると、傾斜からのショットも打てるようになります。

傾斜にも役立つアッパーブローとダウンブロー

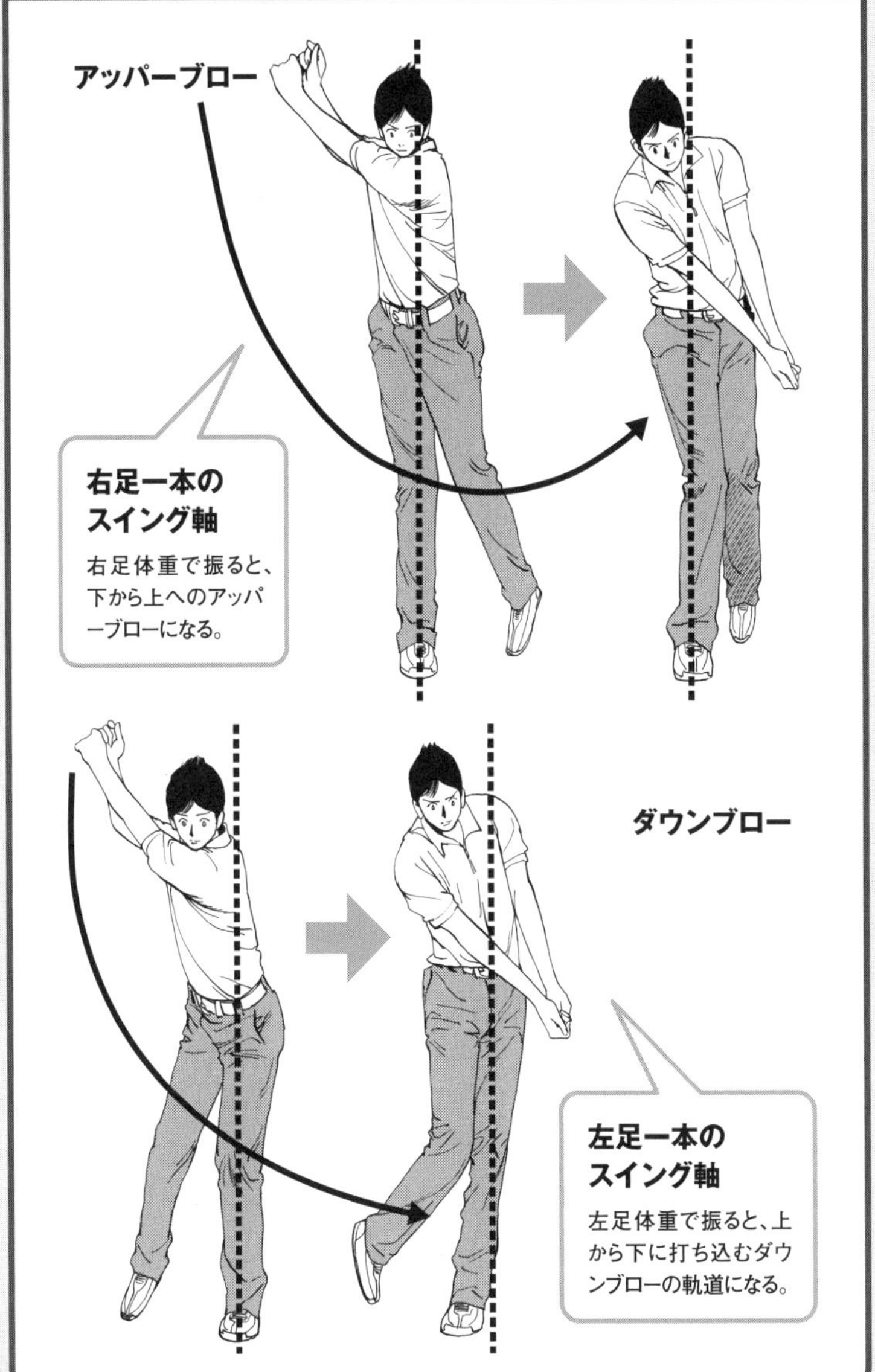
アッパーブロー
右足一本のスイング軸
右足体重で振ると、下から上へのアッパーブローになる。
ダウンブロー
左足一本のスイング軸
左足体重で振ると、上から下に打ち込むダウンブローの軌道になる。

練習ドリル
20
スイング実戦

傾斜の克服

コースには様々な傾斜がありますが、傾斜を想定して練習できるところはなかなかありません。そこで、傾斜からのショットを想定した練習では、階段の段差を利用してみてください。

まずは階段に左足を乗せて、左足上がりの状態を作ってください。低い方の右足に、体重をかけてバランスをとり、体全体を傾けます。あとはそのまま素振りをするだけです。実際に左足上がりの傾斜を想定しながら、右足体重のまま素振りをしてみてください。

右足を階段に乗せれば、左足下がりの練習になります。こちらも低い方の左足に体重をかけてバランスをとります。あとは左足に体重を乗せたまま素振りをするだけ。傾斜を想定し、斜面にそってヘッドを出すイメージで素振りをしましょう。

階段の段差を使って傾斜を想定する

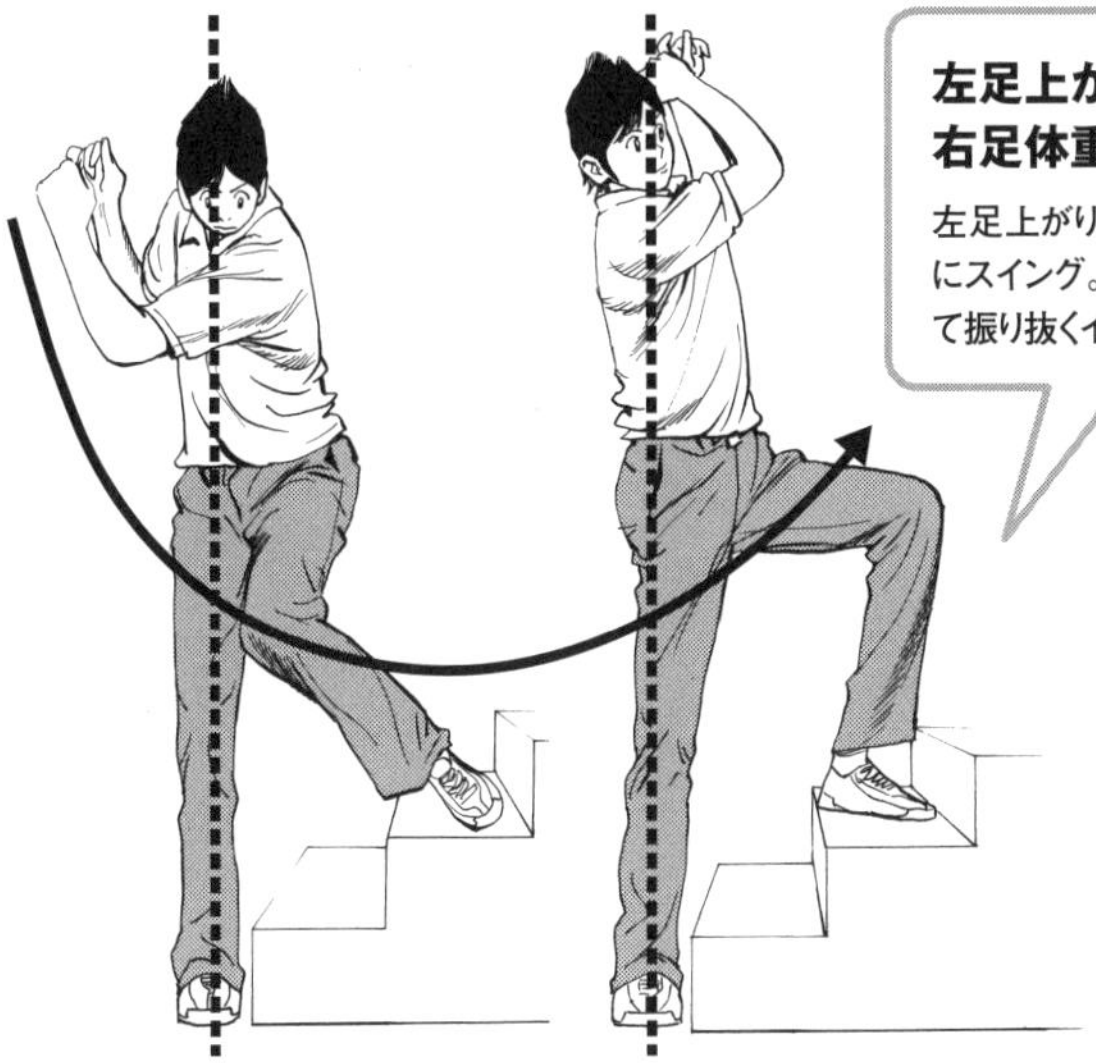

左足上がりは右足体重

左足上がりは右足を軸にスイング。上に向かって振り抜くイメージ。

左足下がりは左足体重

左足下がりは左足を軸にスイング。振った後に右足を踏み出すイメージ。

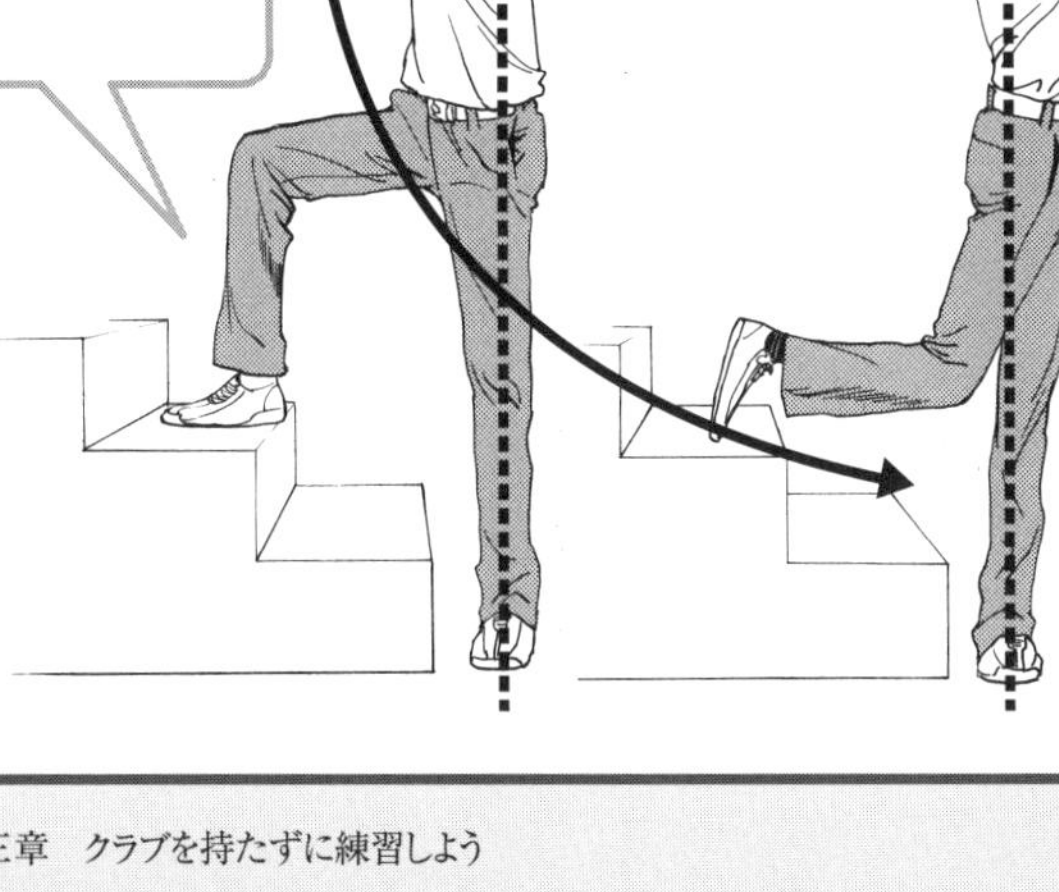

練習ドリル
21
スイング実戦

朝イチショットを成功させる重心位置

朝イチのティショットをミスする一番の原因は、アドレスでボールに近づきすぎることです。朝イチは不安なので無意識にボールに近づいてしまいがちなのです。その結果、体重がかかと寄りになってミスをしてしまう。

これを防ぐには、一度思いきって、つま先を浮かせてみましょう。これなら誰でもかかと体重を実感できます。もちろんこのままでは打てないので、今度はつま先に体重を乗せて、かかとを上げてしまうのです。このふたつの動きを交互に繰り返し（体を前後に揺らす感じ）、かかと側、つま先側に乗る体重の差を徐々に少なくしていきます。この動作を何気なくやるだけで、正しい重心位置が見つかります。

重心位置が決まり、アドレスがしっくりきたところでスイングを始動すればＯＫ。大きなミスをすることなく、気持ちよくスタートできます。

朝イチショットを成功に導く重心位置の見つけ方

つま先とかかとを上げ下げして
重心位置を調整

つま先側、かかと側に極端に体重を乗せる。
これを繰り返していくと重心位置が決まる。

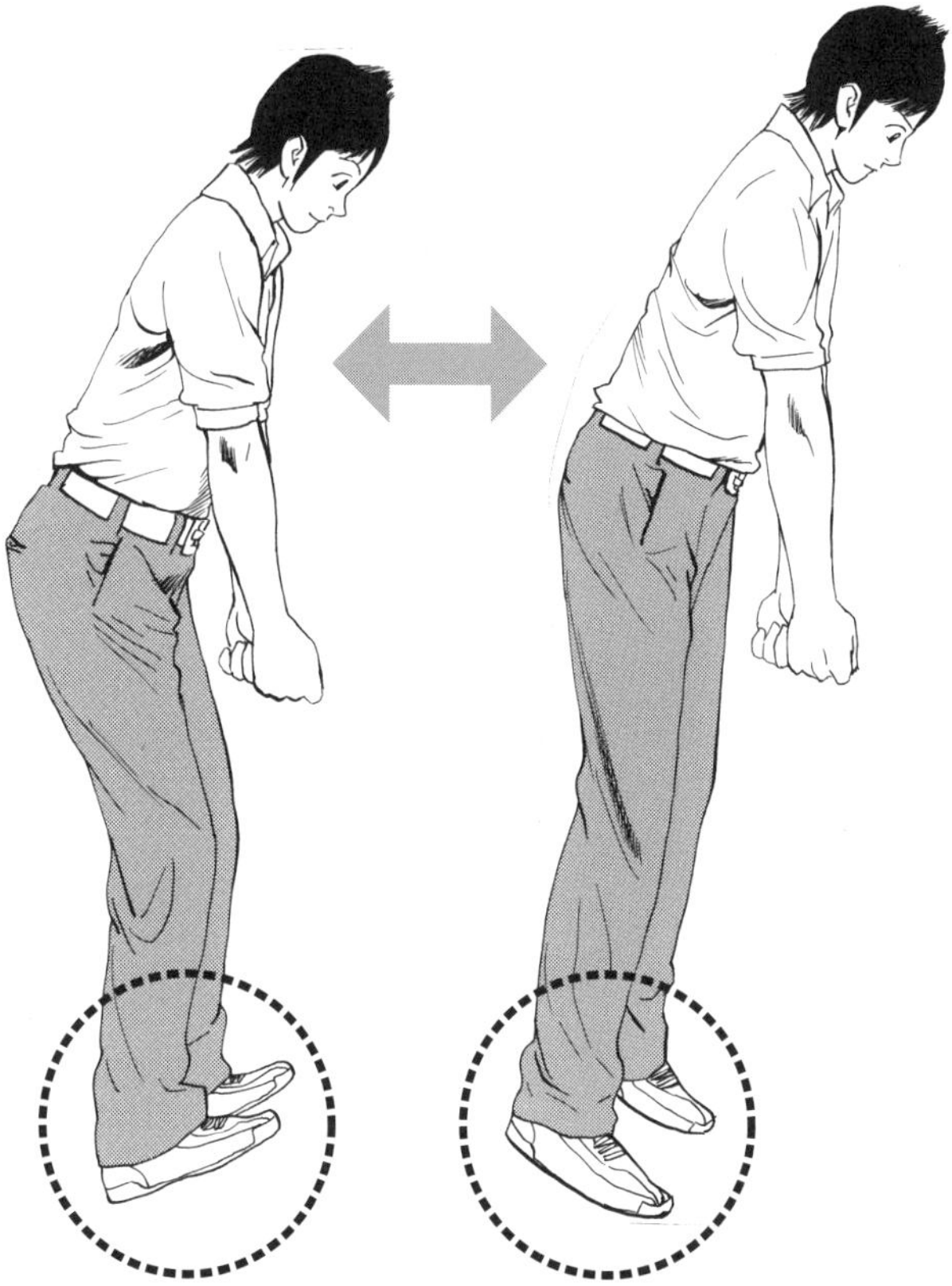

練習ドリル
22
アプローチ

距離に合った構え

アプローチが苦手な人のアドレスを見ると、攻め方や打とうとしている距離がわかりません。長い距離を打つ構えなのに振り幅が小さい。構えは小さいのに振り幅が大きい等々。打つ距離とアドレスがマッチしていないのです。

大切なのは構えと振り幅の大きさを揃えることです。それが狙う距離に合ったアドレスをすることにつながり、結果的に距離感が合ってきます。ボールを転がして寄せるのか、上げて寄せるのかによってもアドレスに変化が出てきます。

これらの変化を出すには、わざわざボールを打つ必要はありません。打つべきアプローチの距離を想定し、それに合わせて構えるだけ。実際にスイングしなくても構いません。スタンスを作ったら頭の中でスイングしてみてください。電車やバスを待っている間にやるだけでも、距離感を出すのに役立ちます。

ターゲットに対して構えと振り幅の大きさを合わせる

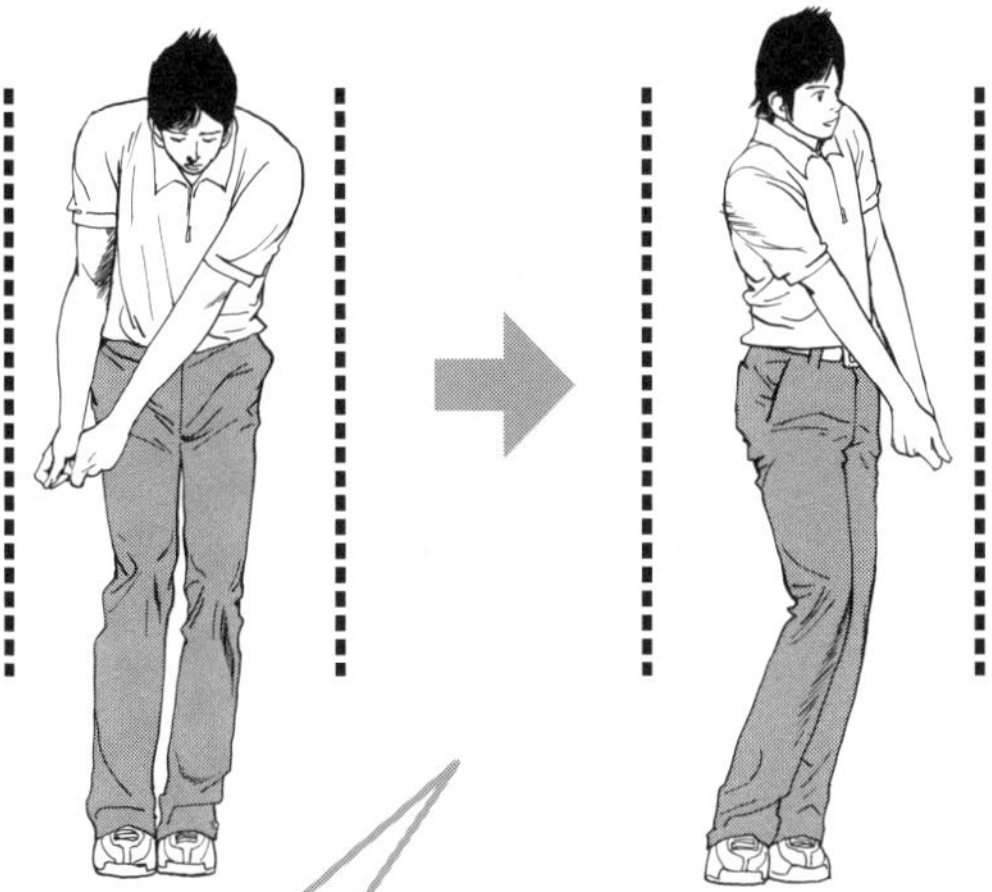

構えが小さいと
振り幅も小さくなる

小さく構えると大きなスイングはできない。構えに合ったスイングをすることが大事。

構えが大きいと
振り幅も大きくなる

大きく構えてはじめて大きなスイングができる。この構えだと小さく振るのは難しくなる。

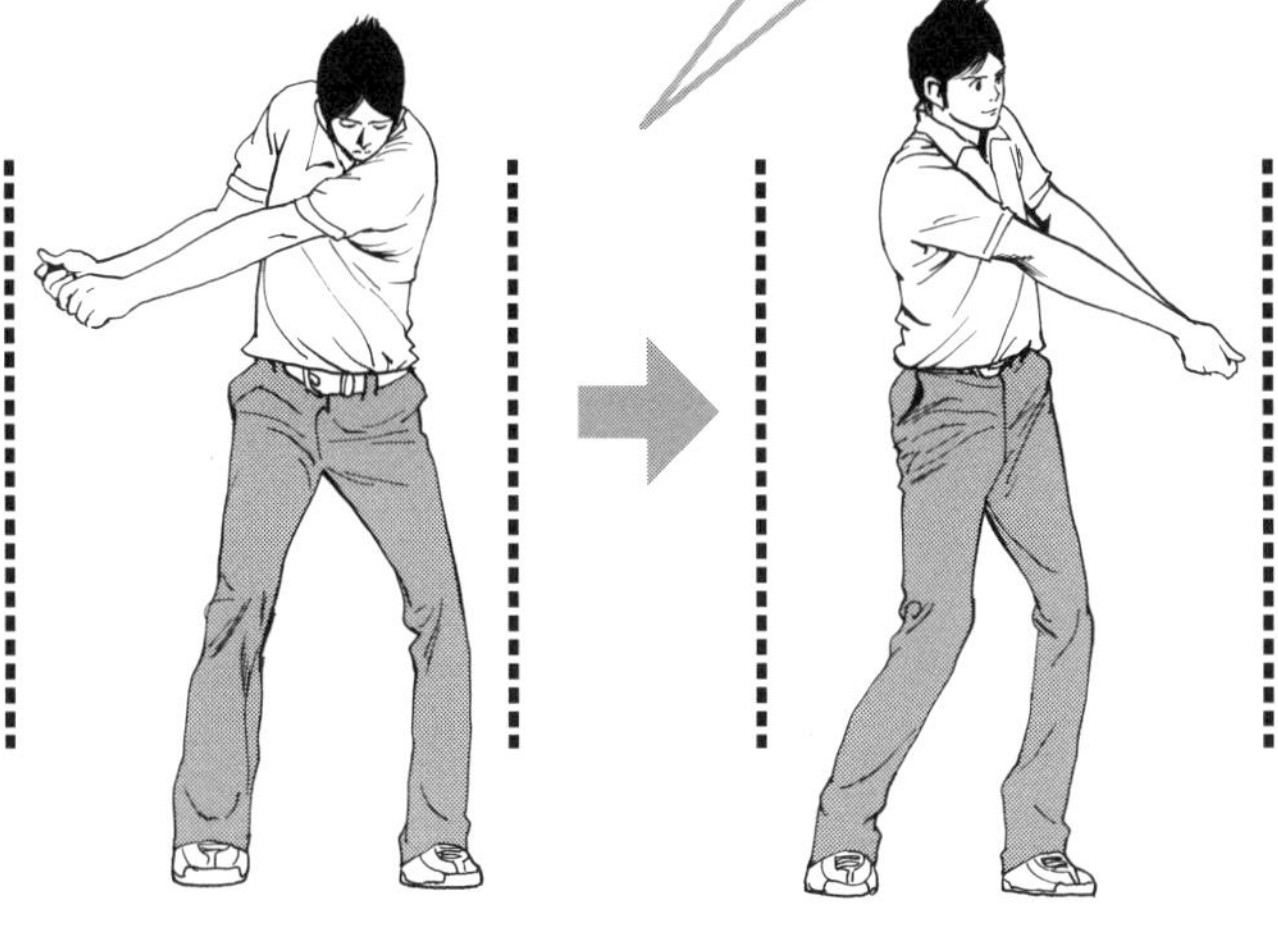

練習ドリル 23
アプローチ

短い距離のアプローチ

アプローチも足を使って打ちますが、アマチュアの多くは足を使わず、上半身だけで打っています。とくにピンまでの距離が近いと、その傾向が出やすくなります。手首を使ってアプローチすると、ソールが地面に跳ね返されたり、トップしてしまうミスになるのです。

心あたりがある人はクラブを持たない素振りで、足の動きだけをやってみてください。スタンス幅が狭いので、体重移動は意識しなくてOKです。腕を後ろに組み、クラブを振る方向に両ひざを送り込むように動かしてみてください。

足を使うイメージができると、小さな振り幅でも足を使ってボールを運べるようになります。ダフりも防げるようになるので、カップまでの距離が短いアプローチにとても有効です。

足を使ったアプローチ

手元の動きに合わせて
両ひざを左へ送り込む

腕を後ろで組み、両ひざを柔らかくしておき、
両ひざを左へ送り込む。

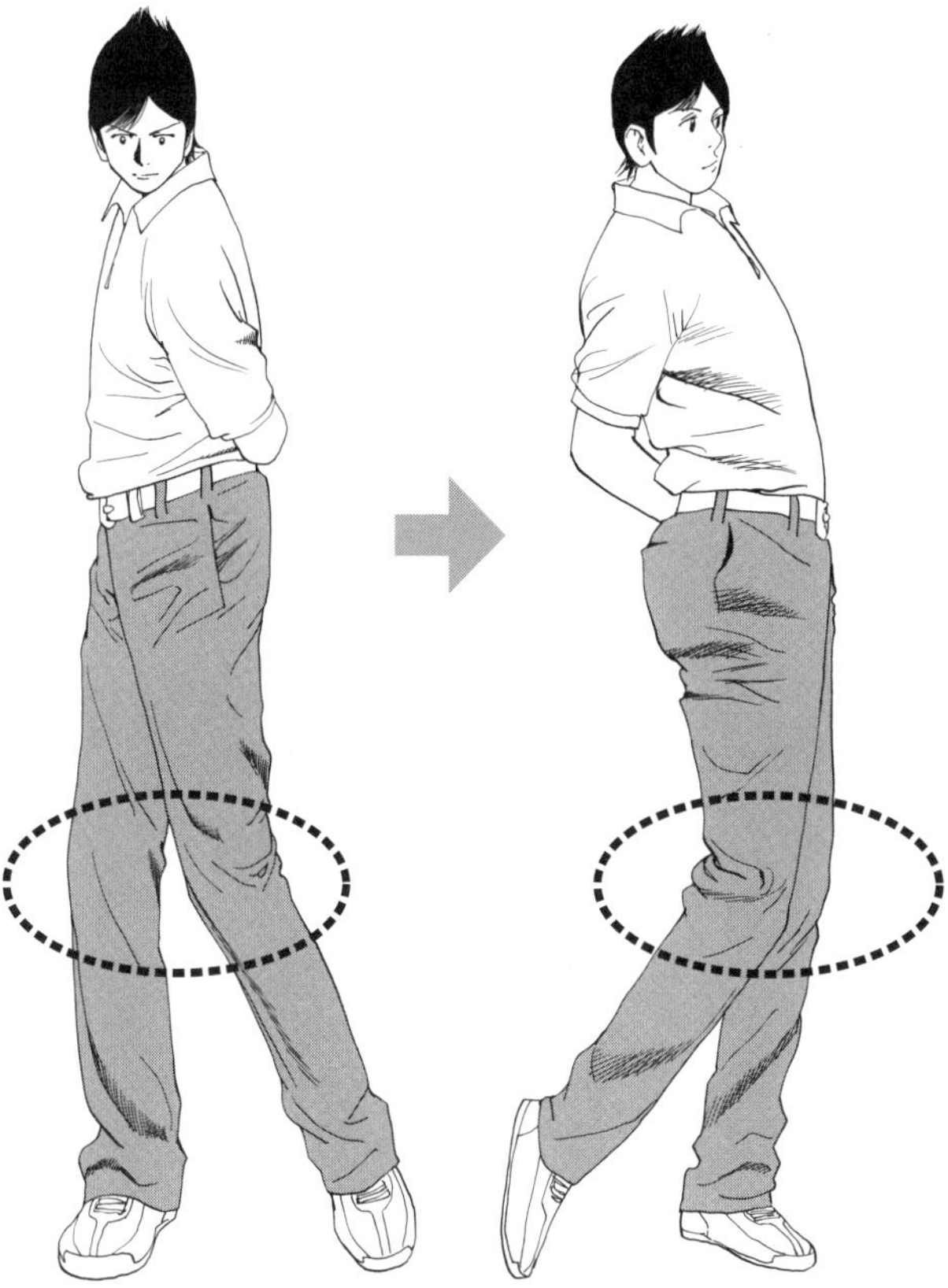

練習ドリル
24
アプローチ

方向性と距離感を高める

アプローチでは距離感、コントロールともに大切です。このタオル投げ練習法は、その両方の精度をいっぺんに上げることができます。

まず丸めたタオル（ゴムボール等、2～3メートル先に投げられるものでもOK）を、両手で挟み持ち、体の正面に置いてアドレスの要領で構えます。次にアプローチのイメージで持ったものを振り、インパクトからフォローの過程で飛球線方向に放り投げてみてください。フォローでクラブがインサイドに動く人は、タオルが左へ、アウトサイドに動く人は、タオルが右へ飛ぶ傾向があります。

狙った方向に真っすぐ投げる感覚をつかみ、そのイメージでアプローチすればコントロールが定まります。さらに振り幅を変えて遠くや近くに投げることにより、距離感も養えます。

アプローチの感覚を磨くタオル投げ

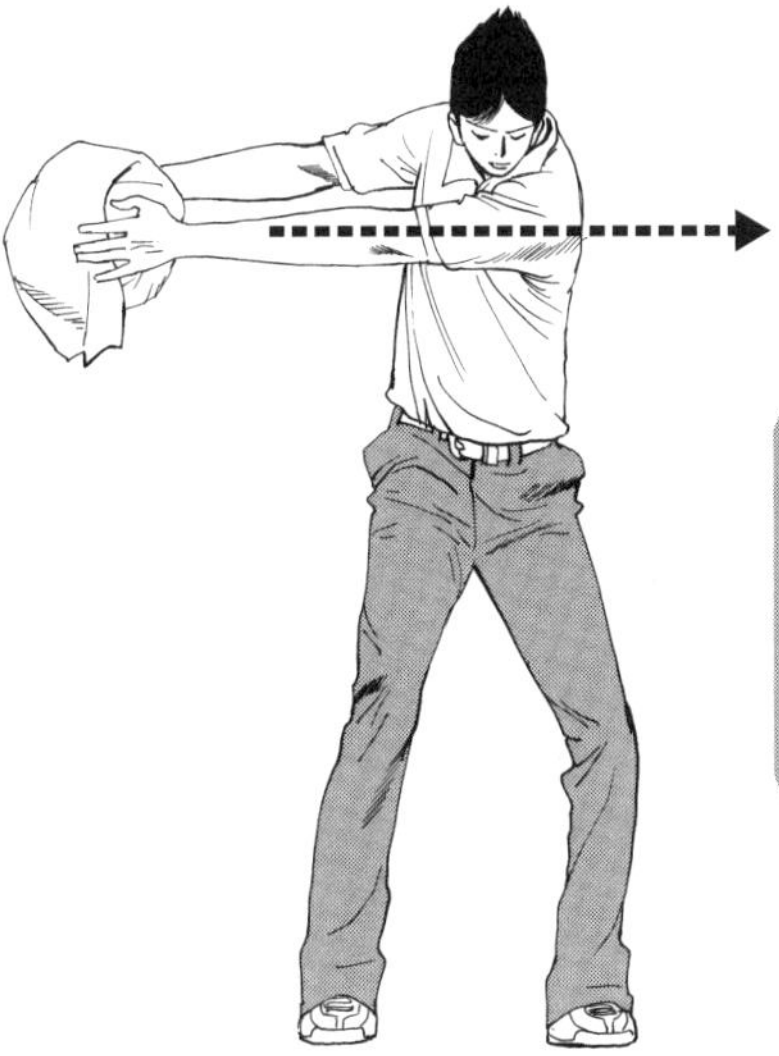

右や左へ
飛ばないように注意

左に飛んだらインに、右に飛んだらアウトに振っている傾向がある。

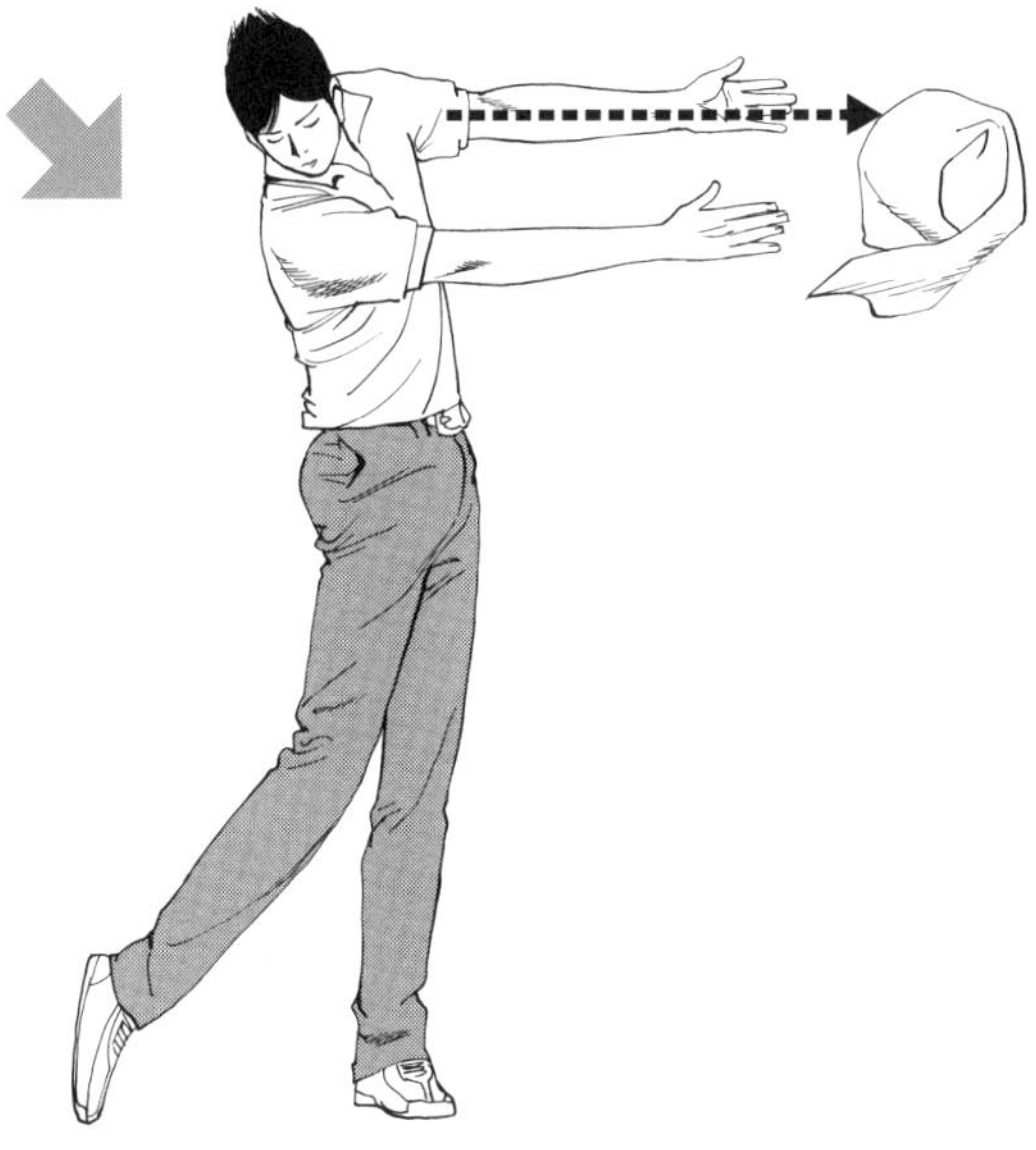

練習ドリル
25
アプローチ

ザックリ&トップ撲滅

ザックリやトップといった初歩的なミスを防ぐには、スイング中の手首の動きをおさえ、肩と腕でできる三角形を崩さないように振ることがポイントです。ここで言う手首の動きとは、ボールを上げようと、インパクトで手元を持ち上げたり、すくい上げようとする動きのことを指します。

これらを直すにはネクタイを使った素振りが効果的です（長いヒモかタオルでもOK）。ネクタイをイラストのように首にかけたら、両端を持ってピンと張った状態にし、クラブを握っている感じでグリップします。これで肩と両腕で三角形ができるので、その三角形をキープしたまま素振りをします。ネクタイがゆるまないよう左右に振れれば、手首を使わないスイングになっています。実戦でもネクタイの動かし方をイメージしたアプローチができれば、ザックリやダフりを防げます。

腕と肩の三角形でザックリやトップを防ぐ

ネクタイがゆるまないよう
三角形をキープ

ネクタイを伸ばして持ち、腕と肩で三角形を作ったら、その形が変わらないように素振りをする。

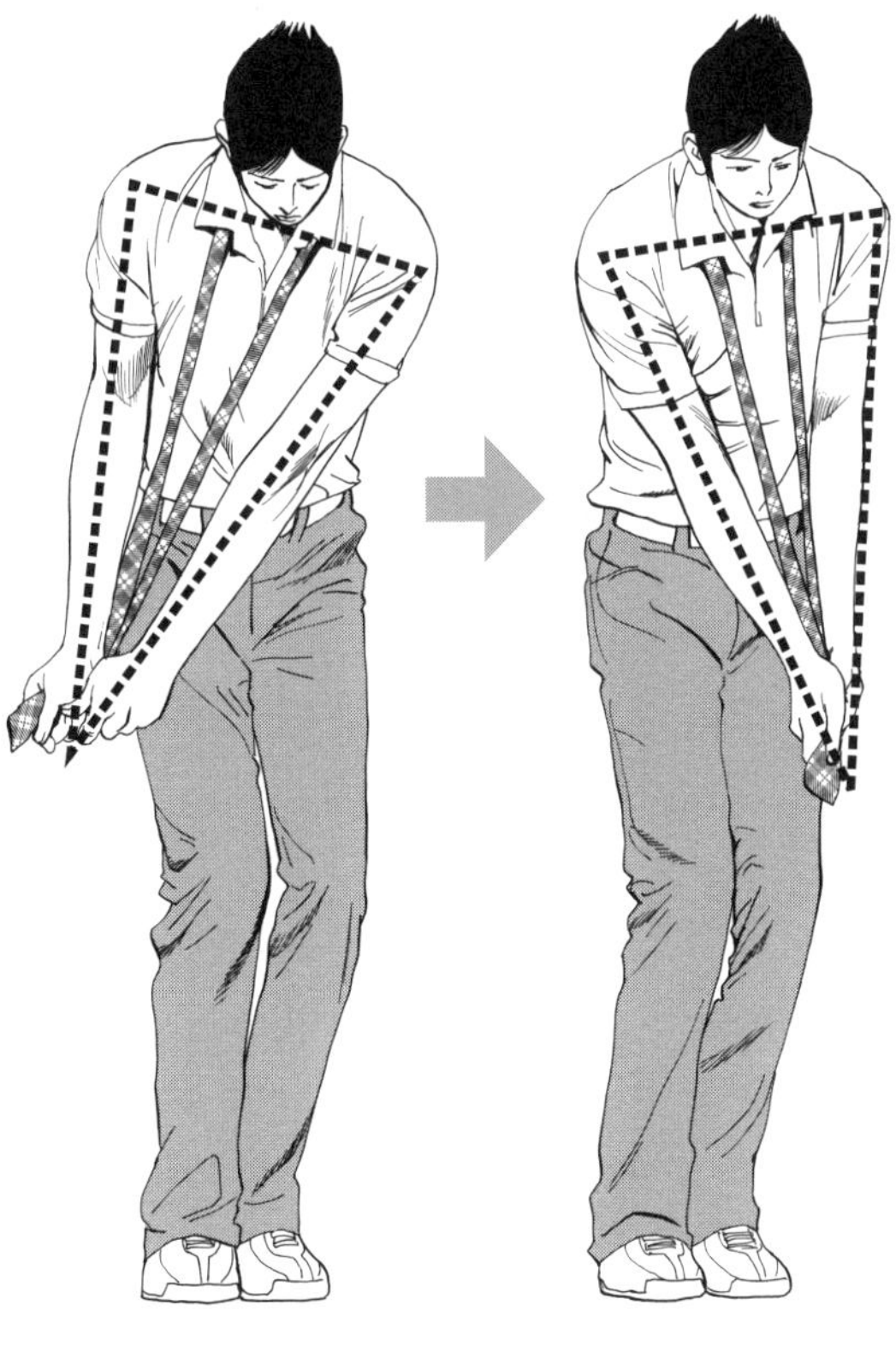

練習ドリル 26
アプローチ

「上げる」「転がす」のコントロール

アプローチでは、状況に合わせてボールを上げたり転がしたりする必要があります。状況に合わせて打ち分ける時に役立つのが、右手のひらの向きを変化させるシャドースイングです。

アドレスからインパクトまでは、普通にアプローチのスイングをすればOK。ポイントはフォローにあります。ボールを上げたい時は右手のひらが上を向くようにフォローを出す。低いボールで寄せる時は、右手首の角度を変えず、右手のひらを目標方向に押し出すようにフォローを出します。

このシャドースイングでイメージをつかんでおけば、1本のクラブで確実に2通りの寄せ方ができます。アプローチで使うクラブの本数×2通りと、寄せ方のバリエーションが増えていきます。

上げて寄せるか、転がして寄せるか

転がして寄せる

フォローで右手のひらをターゲット方向に向けると、フェースの向きが変わらず低く出るボールになる。

上げて寄せる

フォローで右手のひらを上に向けるとフェースも上向きに。フェースにボールが乗って上がる。

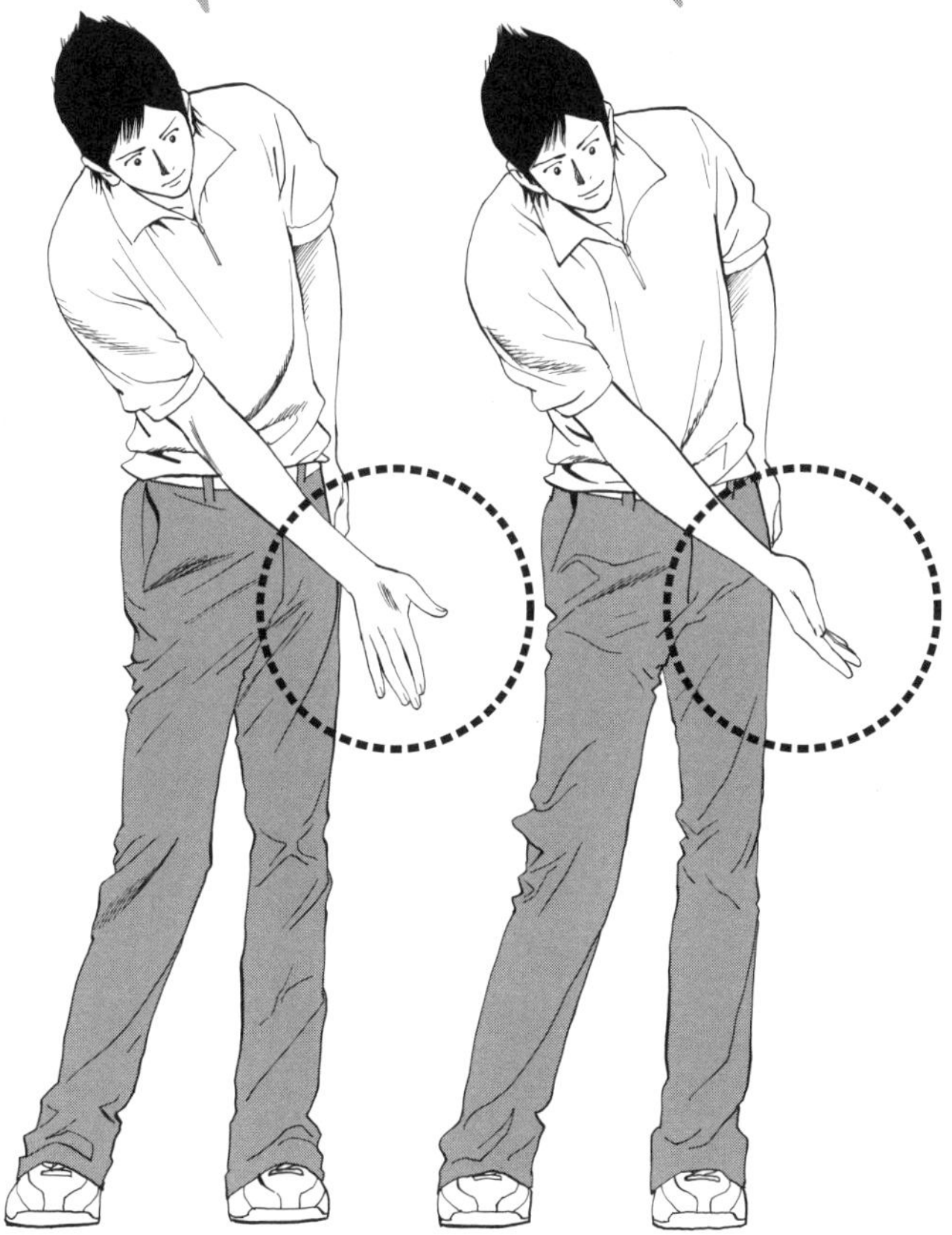

練習ドリル
27
パッティング

インサイド・インのストローク

パターのストロークは手だけでなく、肩を動かして打つのが基本。こうするとヘッドがゆるやかなインサイド・インに動き、ボールがつかまって転がりがよくなります。またインパクトでフェースが開いたり閉じたりするミスもなくなります。

この基本を身につけるには、着ているシャツの体の中心部分の生地をつかんで素振りをするのが効果的です。シャツをつかんだ場合、手だけを動かすとシャツを左右に引っぱることになるのですぐにわかります。そうではなく、おヘソを中心にして左右に肩を動かして振る。するとシャツは引っぱられることなく、つかんだままの状態で左右に動きます。この時、腰を多少左右に動かしても構いません。つかんだシャツを左右に引っぱることなく動くことができれば、体とクラブが一緒に動き、ヘッドの軌道がゆるやかなインサイド・インになっています。

転がりがよくなるインサイド・イン

おヘソを中心にして肩を左右に動かす

両手でシャツを挟んだら、おヘソを中心にして左右に肩を動かし、体とクラブの連動を身につける。

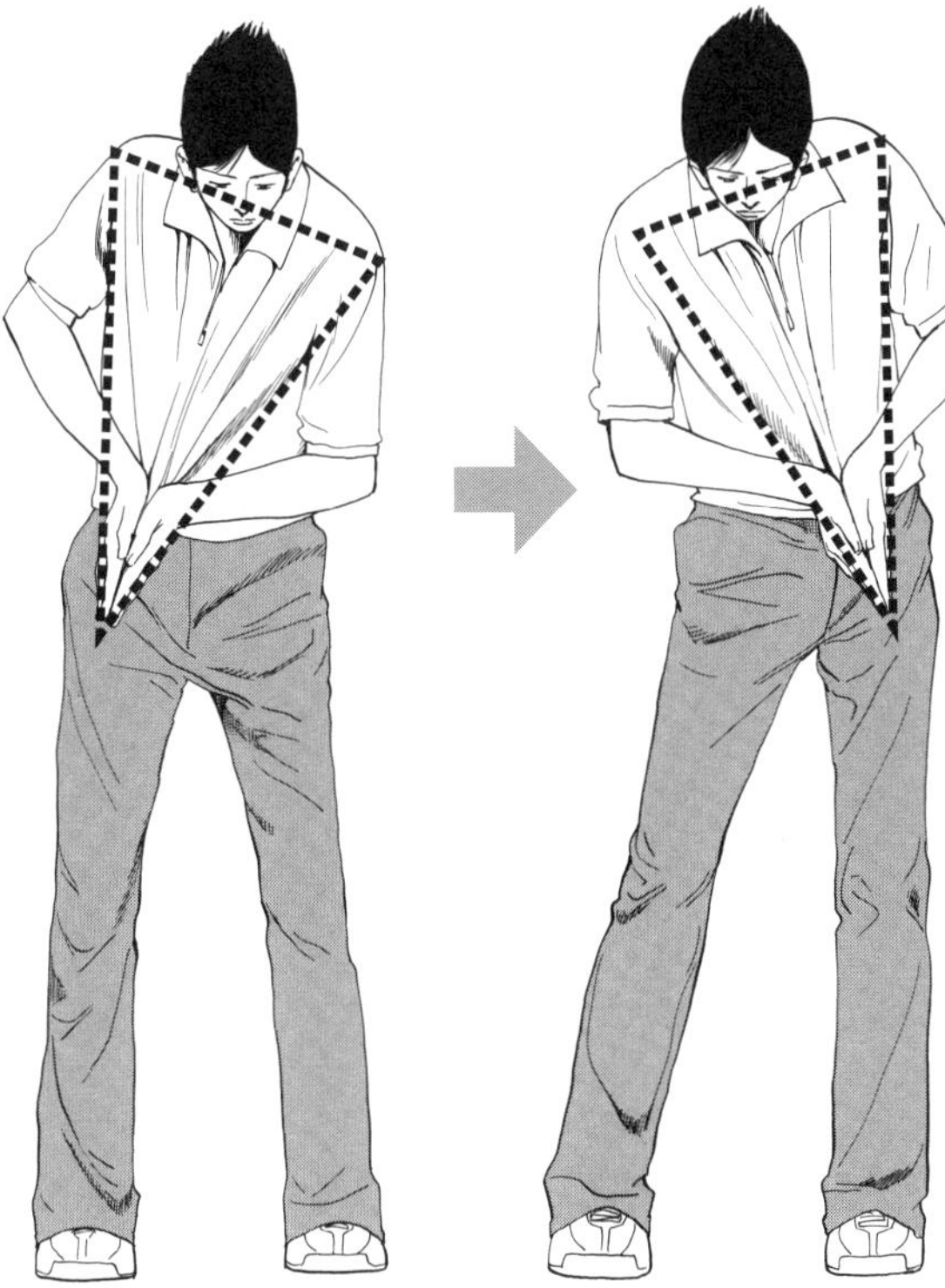

練習ドリル
28
パッティング

目線だけでラインを追う

ボールの行方や転がり方が気になると、インパクトやその直後で思わず頭を起こしてしまいます。意識していなくても、ついやってしまうこの動きがヘッドアップ。ボールを目だけで追っているつもりでも頭が起きてしまう。その結果、最後まで打ち切れない形になってしまうのです。

ヘッドアップをなくすには、想定したラインや打ったボールを、目線で追う癖をつけることです。打った後に目線がカップにいくと頭が起きるので、頭の位置は変えずに首を左へ回してボールを追いましょう。さらに打つ前にカップを想定したところから、ボールまで目線を戻す練習をするとヘッドアップしなくなり、パッティングフォームが安定します。実戦ではこれをルーティンにするのも効果的です。普段からイスに座って横を見る時も、目線を意識してみてください。

アドレスしたら首を左に回し、ラインを目で追う

頭を上げてボールを見ない

ラインを見る時はヘッドアップしない。首を左へ回して目線をライン上に走らせるのがポイント。

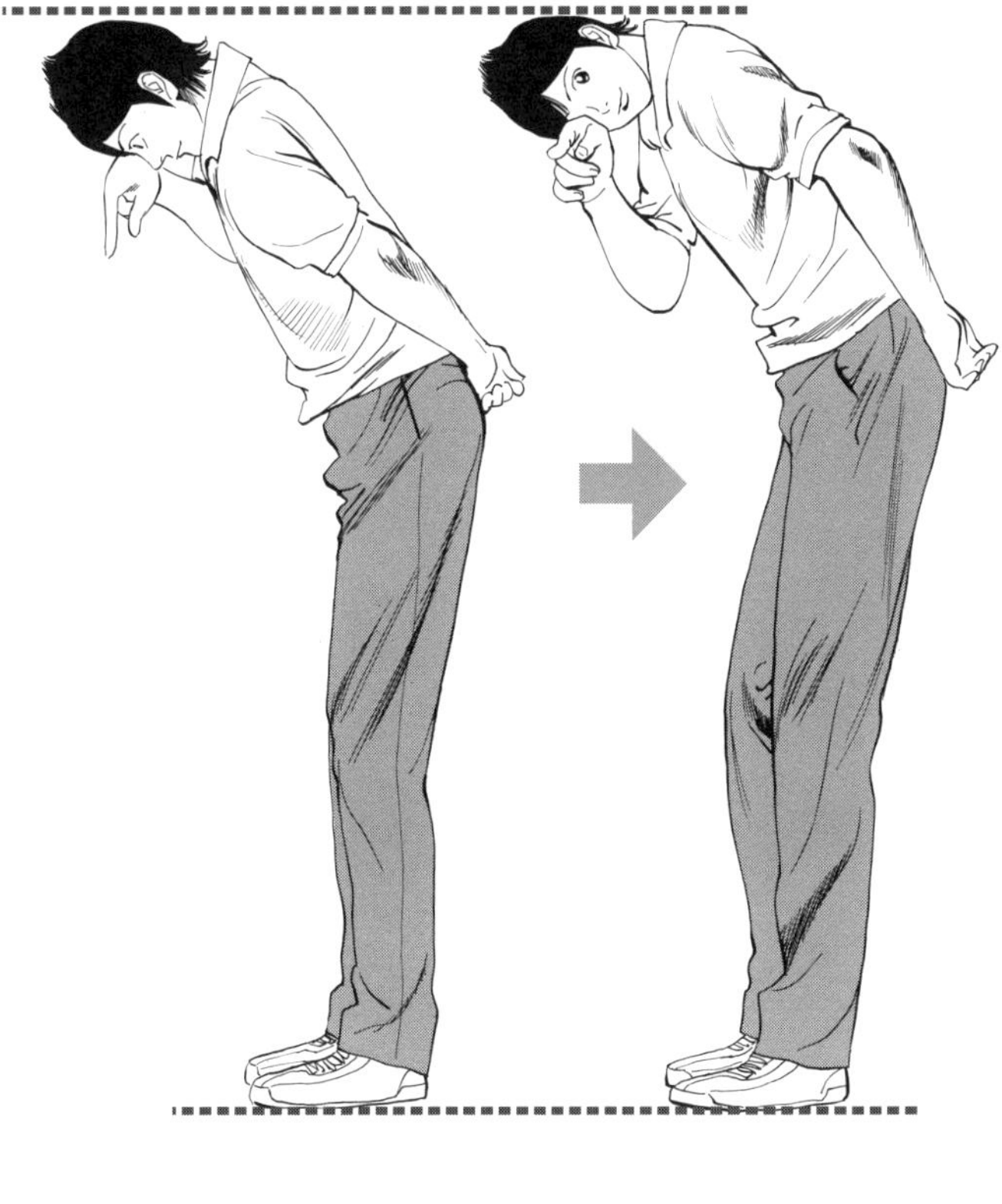

練習ドリル
29
パッティング

ヘッドアップ防止

パッティングのアドレスでは、顔と地面が平行になります。そしてボールを打ち終わるまで、この関係を崩さないようにするのが、ストロークを安定させるポイントです。

この動きはパターを握らなくてもできます。ボールペンや鉛筆などを口にくわえ、ペン先が真下を向いた状態でアドレスします。それからストロークをイメージして体と手を一緒に動かします。そのときにペン先の向きが変わらないように意識します。向きが変わらなければ、顔と地面の平行関係は保たれたまま。打った後は、ペン先でラインをなぞるような感じで、首を左に回してみてください。これでも頭が動いてしまう人は、壁に向かって立ち、壁に頭をつけたまま体と手を一体化させて素振りをすると、さらにイメージが湧きやすくなります。

ペン先でラインをなぞってヘッドアップ防止

インパクトまでペン先はボールを指している

ペン先をボールに向けて構えたら、インパクトまでその形を保ち、打ったらペン先でボールを追う。

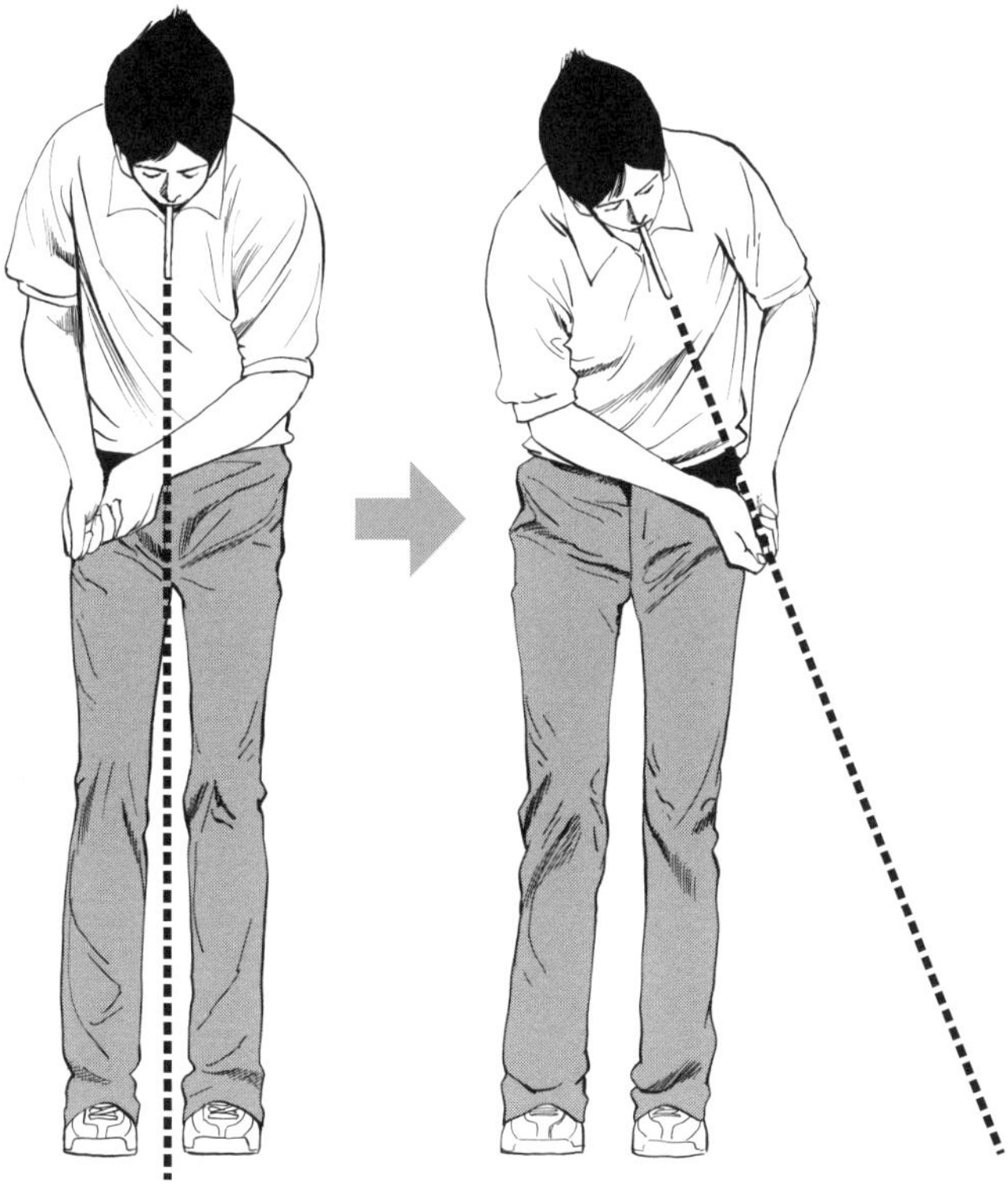

練習ドリル
30
パッティング

シンプルなストローク

パッティングでは全身を使ったり、体重移動や強いインパクトの必要はありません。より正確にストロークするためには、なるべく使う場所（＝動かす場所）を少なくしたいところです。そのためには、肩だけを使って打ってみてください。アドレスしたら打ち終わるまで下半身は不動。手首も固定。そして肩を動かしてください。両肩と腕を一体化させ、バックスイングでは右肩を上げ、それ以降は左肩を上げるだけでＯＫ。使うのはワキ腹の筋肉と肩だけです。

このストロークは、家庭や職場でちょっとした時間にイスに座って練習すると効果的です。イスに座っている状態では下半身が使えないので、手先を動かさないように気をつけるだけですみます。ポイントは左右の肩をタテに動かすこと。それだけで、シンプルかつ正確なストロークが身につきます。

パッティングを安定させる肩の上下動

右肩を上げて テークバック

手首を固定し、右肩を上げればオートマチックにテークバックできる。

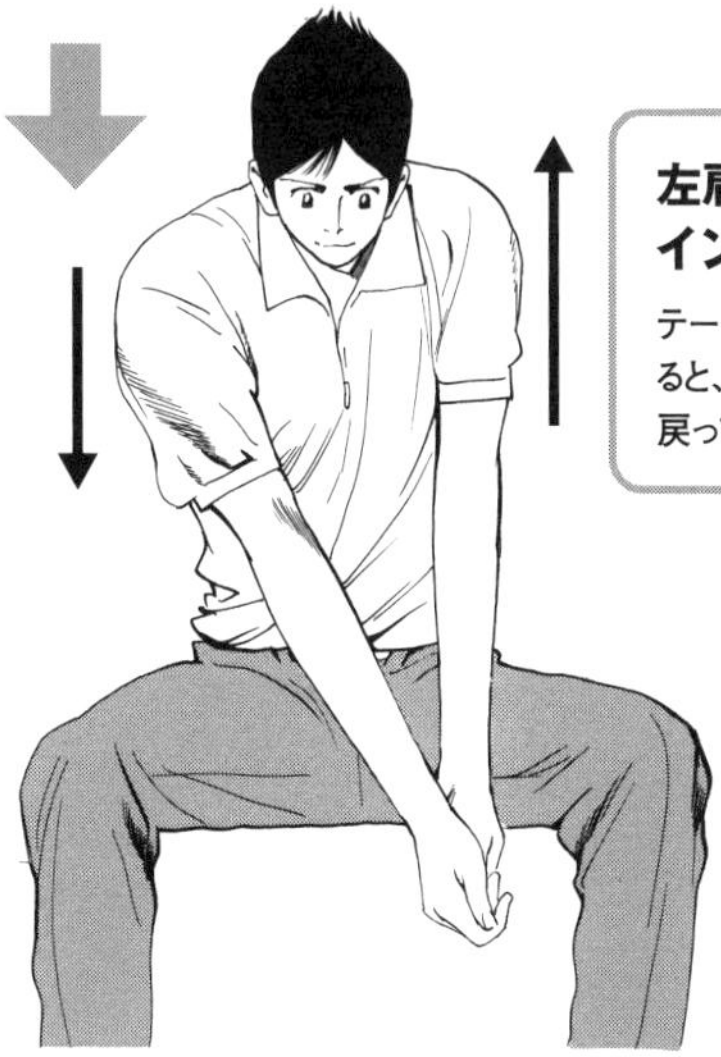

左肩を上げて インパクト&フォロー

テークバックしたら左肩を上げると、ヘッドがアドレスの位置に戻って正確にインパクトできる。

第四章

90を切るための発想転換

【発想転換①】

練習場では、ナイスショットの必要なし。

練習場でのショット練習。ほとんどの人がナイスショットを打つことを目標にしています。でも私は、練習場でのナイスショットに大した意味はないと思っています。練習場でいいショットが打てなければ、コースで打てるはずがない、という意見もあるでしょう。でもどうでしょうか。実際に練習場のようなショットがコースでも打てているでしょうか？

確かにラウンドでは、ナイスショットを打ちたいものです。しかしそれ以上に欠かせないのが、ミスへの対応です。曲げた時、ダフりやトップが出はじめた時、求められるのは、それを修正することです。それには、ミスの原因を理解できなければなりません。練習でミスの原因と対処法を確認しておけば、ラウンドでも対応できます。

練習場ではナイスショットだけでなく、ミスショットにも注意を向けましょう。

ミスの原因と対応を知るのが〝練習〟。

【発想転換②】

OBを打ってもいいんです。

「OBを打ってはいけない」と考えながら、ショットに臨むことがよくあると思います。でも結果は、かなり高い確率でOBを打っているのではないでしょうか。

この原因は「OBを打ってはいけない」と考えた時点で、OBを意識しているからです。頭の中では、フェアウェイよりOBの存在が大きくなっているのです。OBを否定しているのに、意識の中ではOBが幅をきかせている状態。そうすると、体が縮んでスイングが小さくなります。いつもと違うスイングだからミスが出る。負のスパイラルにはまってしまうというわけです。

それならいっそのこと「OBを打ってもいい」と考えたらどうでしょう。打ってもいいのだから、とくに意識することはありません。

「~してはいけない」という制限を外すだけで体がスムーズに動き、ナイスショットが打て、結果的にOBも激減します。

「~してはいけない」という制限を外す。

【発想転換③】

ティショットに全力投球しない。

ハンディが多い人ほどティショットに全力を傾けます。距離計算にはじまり、OBやバンカーを避ける策を練り、入念に素振りを繰り返す。1ホールに注ぐ力を100％とするなら、70％くらい使っている感じ。そのくせ、どこに打とうということは、明確になっていないことがほとんどです。

ターゲットが最も広いティショットに注ぐ力は、20％くらいで十分。そのかわり、どんなボールでどの辺に運ぶかだけを明確にしておきましょう。前進するに従ってターゲットは狭まり、多くの集中力が必要になります。そう考えると、最も力を注ぐべきは、最後にカップを狙う一打です。ところが多くの人は、グリーンに近づくにしたがって集中力がなくなります。だから大切なところでミスをしたり、状況判断を誤るのです。ティショットに全力投球する必要はありません。集中力をうまく分散させ、大事なところでのミスをなくせば、スコアはまとまります。

最も集中すべきは、カップを狙う一打。

【発想転換④】

ラウンド中のミスショットは、修正しない。

プロのトーナメントを観ているとミスショットの後、プレーヤーがスイングを反復し、ショットの修正をしている場面をよく見かけます。何気ない動作に見えますが、これはプロだからこそできること。練習量と経験豊富なプロは、スイングに生じた間違いをすぐに修正できます。打った後だけではなく、打ちながらでもミスを防ぐ技術を持っているのです。それならラウンド中の修正は大いに役立ちます。

しかしアベレージゴルファーは、ミスショットの原因を自分で突き止められません。ミスの原因がわかる場合は、もちろん修正すべきですが、わからないのであれば、ラウンド中はミスしても修正する必要はありません。ただし、ミスを受け入れることは必要です。受け入れて切り替えるのです。そうしないと、同じミスを何度も繰り返してしまいます。ミスしたら素直に受け入れる。それだけでミスとの関係を絶てるのです。

ミスは受け入れるだけで、繰り返さなくなる。

【発想転換⑤】

ショットやパットは、ドキドキして打つ。

平常心を保って落ちついて臨む。ゴルフにかぎらず、仕事でも同じことです。でもこれはメンタル面の理想型で、身体的には必ずしもそうではないようです。

以前、携帯用の心拍計をつけてプレーしたところ、プロの場合、ショットやパットの前に心拍数が上がる傾向があることがわかりました。アマチュアには規則的な心拍数の上昇は見られなかったのですが、ボールのところに走って行った時だけは、打つ前の心拍数が上がりました。走った後だから当然のことですよね。

ただ驚いたのは、走って心拍数が上昇した後に打ったショットの成功率が高かったこと。走っても緊張しても、心拍数が上がってドキドキするのは同じこと。つまり、多くの人が好まない〝緊張した状態〟が、実はナイスショットの前触れだということがわかったのです。これからは緊張してドキドキしたら、緊張をほぐすことに神経を使わず、いいことの前触れと喜んでショットに臨んでみましょう。

緊張はナイスショットの前触れである。

【発想転換⑥】

バンカーに打ち込んだら、「ラッキー!」

「ＯＢかよ。クッソー!」。思わず叫んでしまう気持ち、よくわかります。打ち込んだだけで自動的に一罰打が付加される。場所によってはボールも回収できないのですから、悪態のひとつもつきたくなりますよね。

でも打ったのは他でもない、あなた自身です。それにもしそこがＯＢでなかったら、どうなっていたでしょう。苦労してボールを探して打たなければならない。フェアウェイに戻るまで、何打かかるかわかりません。その時間と労力を考えたら、ＯＢの方がずっとラク。そう、ＯＢはあなたを救ってくれたのです。

バンカーも同じです。もし打ち込んだバンカーの先がＯＢだったら…。バンカーがなかったらＯＢへ一直線。何もせずに一打罰になってしまいます。バンカーに感謝ですよね。打ち込んでカーッとなるのは仕方のないこと。でも冷静に考えると、自分にプラスになっていることが、ゴルフではけっこうあるものです。

起こったことはプラスに受け止める。

【発想転換⑦】

どうせ不安なら、ミスを予測する。

ハンディキャップの多い人ほど「曲がらないかな…」「ダフらないかな…」と、構える前から、頭の中をミスでいっぱいにします。これでは百害あって一利なし。ネガティブになる一方ですから、いい結果に結びつくわけがありません。とはいえ、ゴルフはミスのゲームなので、ミスを切り離して考えるわけにもいきません。

それならば、ミスに対してポジティブになってみてはどうでしょう。不安になっても弱気にならず、積極的にミスを予測してみようではありませんか。「平らなライに見えるけど、ちょっとつま先が上がっているから左に飛ぶかも」とか、「フェアウェイでも、少し沈んでいるからボールが上がらないかも」といった具合です。

ミスを予測するには細かい観察力が必要です。観察力がつけば、おのずと対応策を考えるようになります。繰り返しになりますが、ゴルフはミスのゲーム。ミスに対してネガティブなままでは、いつまでたっても対応はできません。

観察力を駆使して、積極的にミスを予測する。

【発想転換⑧】

スイングは、固めなくていいもの。

うまくなるには「スイングを固める」という意見があります。やり方はさておき、型にはめ、そのパターンどおりに繰り返し練習することです。ただこのやり方だと身に付くスイングはひとつだけ。練習場ではイメージどおりに打てても、コースではうまくいきません。その理由はスイングに対応力がないからです。

コースでは状況によってスイングを変化させなければならないのですが、スイングを固めることで、それができなくなってしまうのです。

練習ではワンパターンではなく、いろいろなスイングにトライしてみてください。たとえば、アウトサイド・インの人ならインサイド・アウトに振ってみる。そのように、自分と対極にあるスイングをすることで、両者の間にあるジャストフィットのスイングがみつかることも多いのです。スイングが「固めるもの」ではなく、「固めなくていいもの」とわかった時、あなたの本当のスイングが見えてきます。

スイングは、状況によって変化させるもの。

【発想転換⑨】

「教え」を捨てよう。

スイングを覚える過程では、様々な教えやヒントにトライし試行錯誤します。その中には自分に合ったものが必ずあると思うので、積極的に試してください。

でも気をつけてほしいことがあります。それは教えを守り続けることがベストではないということです。ある教えを実践して良くなったから、同じことを続けているのに、しばらくするとうまくいかなくなる。ゴルフではよくあることです。

こうなったら、頑固に同じことをやり続けるよりは、スパッと切り捨てて、他のことを試すべきです。上達する過程では、昔の教えが役に立たなくなることがあります。そんな時こそ、いろいろ試したことで増えた引き出しを開けていきましょう。その中には、今のあなたに役立つものがあるはずです。

これはラウンド中でも言えること。ある教えを実践して調子が悪かったら、すぐに捨てて違う教えを実行する。これを繰り返せば、自分に役立つものが残ります。

過去の「教え」が、今役立つとはかぎらない。

【発想転換⑩】

「イメージ」は必要。「妄想」は不要。

ゴルフではイメージすることが大切です。ボールが転がるラインをイメージできなければ、パットを打ち出す方向も決まらないし、弾道をイメージできなければ、どのようにスイングしていくかも決まりません。しかしときに「イメージ」は暴走し、「妄想」に変わることがあります。たとえば、林の中から打つ場面を想像してください。ボールは固い土の上。グリーンとピンは右方向に見えていますが、その方向には何本も木があり、グリーン手前にはバンカーもある。グリーンに乗る可能性があるとすれば、左から低いフェードで狭い木の間を抜いていくしかない。そんなショットは、プロでも成功するかしないかのギャンブルショットです。

ところが練習でもフェードボールを打ったことがないのに、奇跡のようなリカバリーをイメージして打ち込んでいく。こうなると、もはやイメージではなく妄想です。イメージが妄想になったら、目標達成に向かって迷走がはじまります。

イメージが妄想になったら、迷走する。

【発想転換⑪】

ミスの原因は、打つ前にあり。

上級者はミスが少ないと思いますが、すべてのショットやパットが狙いどおりに打てているわけではありません。ＯＢも打つし、池にも落とす。なのに上がってみるとスコアがまとまっている。それが上級者です。

プレー中に起こるミスはスイングやストロークに限りません。アドレスで違った方向を向く、クラブ選択ミス等、打つ前のミスもあります。そして多くのアベレージゴルファーがこの打つ前のミスを犯しているのです。その観点で上級者のゴルフを見ると、なるほどと思います。打つべき方向を向いてアドレスできているから、曲がっても想定内の位置にボールを運べる。その日の調子によってティアップする場所を変える等、極力打つ前のミスを減らそうとしているのです。

スイングはすぐに修正できなくても、事前のミスチェックはすぐにできます。動き出す前の「気づき」こそ、目標達成への近道なのです。

スイング修正より、打つ前のミスをチェック。

【発想転換⑫】

自分を過大評価する。

スコアがよくないラウンドは、気分が盛り上がらず居心地も悪いものです。でもベストスコアが出そうなラウンドも、居心地がいいとは言えないのではないでしょうか。知人が「パーが3つも続くとミョーな気分になる。だからボギーが出ると安心する。マズい傾向ですよね、これ」と言っていました。

確かによくない傾向です。ベストスコアを目指すあなたが、3ホール連続パー。4ホール目でバーディをとったとしましょう。ところが、誰が見ても素晴らしい内容なのに、本人は居心地が悪くて仕方がない。それはそうです。本人からすれば、とんでもなく非日常なのですから。しかし、ここで居心地の良さを求めたら、ベストスコアの更新はありません。ではどうするか。調子のいいときこそ、楽観的になるのです。「これが本当のオレ！」と自惚れちゃってください。自分を過小評価すると限界を作ることになり、伸びしろをなくしてしまいます。

調子のいいときこそ、自惚れる。

【発想転換⑬】

ドライバーから使わなくてもよい。

ティショットはドライバー、アイアンでグリーンを狙い、ウエッジで寄せてパット。大方この順番でラウンドしていると思います。でもこれ、決まり事ではありません。みんな判で押したようにティショットでドライバーを使いますが、アイアンでもいいのです。ウエッジを使ったって構いません。ユーティリティでグリーンを狙うのが得意なら、アイアン、ウッドの順に打ってもいいのです。パー5のティショットをフェアウェイウッドで打てば、2回続けて同じクラブが使えるかもしれない。そう考えていくと、ミスの確率は減ってきます。これこそが戦略というもの。打つ前の素振りがセオリーのようになっていますが、打った後、ショットを振り返ってから素振りをした方が後に結びつくかもしれないのです。

やることの順番をシャッフルして、柔軟な発想でプレーすれば、自分のゴルフが見えてきます。

自分の戦略で柔軟にプレーする。

【発想転換⑭】

最高のショットなんていらない。

目標スコアが常に自己ベスト更新となりがちなように、ショットも常に最高のものを求めがちです。スコアでいえば、本来の目標となるべきスコアは、自分の平均スコアを上回ること。ショットも同じで、そこそこのショットが打てればいいのです。毎回完璧なショットを打っているように見えるプロでさえ、最高のショットが出るのは1ラウンドに1回か2回。あとはそこそこのショットなのです。

最高を求めると「~しなければいけない」という発想に縛られてしまいます。最高を得るためには、クリアすべきハードルがたくさんあるのですから当然です。

でもその時点でアウトです。肝心要のスイングすることを忘れてしまうからです。ターゲットを決め、弾道をイメージしたら、やることはスイングすることのみ。「最高のショットじゃなくてもいいや」と考えれば、気楽になって体も動きます。ショットは最高でなくても、結果が最高になる可能性が生まれるのです。

最高のショットでなくても、最高の結果は得られる。

【発想転換⑮】

障害も自然現象も見方次第で〝味方〟になる。

ラウンドしていると、様々な障害が現れます。ＯＢ、バンカー、池、傾斜などコース上に仕掛けられたものもあれば、風や雨などの自然現象もあります。そのすべてを障害と捉えると、マイナス思考になりがちです。

池に入れてしまっても、とにかく前進できるからありがたい。手強いと考えがちな左足下がりやつま先下がりのライは、右足上がりやかかと上がりという見方をすると、ラクに思えてきます。自然現象も同様。アゲンストの風はボールを止めてくれるからグリーンを狙いやすい。フォローは勝手にボールを運んでくれる。雨ならボールが止まるから、ピンをデッドに狙っていける。

このように、ほんのちょっと見方を変えるだけで、障害とされているものが、自分の〝味方〟に変わってきます。見方が増えれば、スコアメイクもラクになるというものです。

見方が増えると、スコアメイクがラクになる。

【発想転換⑯】

他人のプレーを自分の力にする。

ベストスコアを出すには、情報収集力が不可欠です。コースや自然の状況を判断して的確な情報を導き出し、それにそった戦略を立てるわけです。しかし導き出した答えが、常に正しいとはかぎりません。正しくないことがわかったら、即座に修正する必要があります。

その大きな拠り所となるのが、人のプレーです。前の組の人の打ち方を見ているとライの悪さがわかったり、なかなか空かないグリーンからはカップ周りの難しさが予測できます。ショートホールで人が小さく見えれば距離があり、普通に見えればさほどでもないことがわかります。とくにグリーン上では、自分のライン上でない同伴プレーヤーのパットから、多くの情報を収集することができます。

つまり、興味を持って人のプレーを見ていると、自分に役立つ多くの情報が獲得できるのです。見ざる聞かざるでは、損をしてしまいます。

人のプレーは、自分に役立つ情報の宝庫。

【発想転換⑰】

成功することだけをイメージする。

ゴルフにもビギナーズラックがあります。ロングパットが入ったり、ショットがOKまで近づいたりする。余計な先入観を持たずに臨んだ結果が、ビギナーズラックをもたらします。ではなぜキャリアを積むと、ビギナーズラック的なことがなくなるのでしょうか。

それは失敗を繰り返し、いろんなことを気にしすぎるようになるからです。芝が薄い、下が柔らかい等、気にする要素が増え、それらに対して過剰に反応するようになった結果、力が入って自らミスを招くのです。

これを改善するには気にしすぎないことです。難しいと思うと余計に難しくなるので、成功することだけをイメージしましょう。そして「うまくいったら気持ちいいなあ」と考えるのです。これで適度に力が抜け、目の前の状況に対して過剰反応しなくなります。自分で楽しい流れを作り、それに乗っていきましょう。

楽しい流れを、自分で作って乗っていく。

【発想転換⑱】

ベストポジションはターゲットにしない。

ティグラウンドに立った時、ＯＢやバンカーや池を、過剰に気にするのがアベレージゴルファー。そして見事にそこに打ち込みます。林では当てようとしても当たらない幹を直撃することもあります。でも考えてみてください。このような「打ってはいけないエリア」と「打ってもいいエリア」はどちらが広いかを。

ＯＢやトラップに打ち込んでしまう人は、まずこれがわかっていません。仮にわかっていたとしても、いわゆる〝ベスポジ〟にターゲットを定めてしまう。言うまでもなくベストポジションは、フェアウェイ内のわずかなエリア。こちらも「打ってはいけないエリア」と同じで、すごく狭いのです。狙うのは、ターゲットがとっても広い「打ってもいいエリア」。ターゲットを絞りすぎて自分にプレッシャーをかけてしまっては、本末転倒です。まずは視野を広げて、「打ってもいいエリア」を見つける。見つけたら、そこを狙っていきましょう。

狭いベスポジより、打ってもいいエリアを狙う。

【発想転換⑲】

ゴルフにセオリーはない。

パー3は3打、パー4は4打、パー5は5打で上がる。みなさんはこれを目標にプレーしていると思います。もちろん間違ったことではありません。ただ、もう少し頭を柔らかくすると、もっと楽しみながら上達できると思います。

どういうことかというと、ほとんどの人は答えに向かって一辺倒のゴルフをしているのです。ドライバーで飛ばし、アイアンで乗せ、2パット。これをセオリー（＝方程式）のように考えています。でも、方程式は人それぞれ違ってもいいのです。たとえばパー3を3つで上がろうとしたら、1（ショット）＋2（パット）だけでなく、2（ショット）＋1（パット）の方程式も考えられます。距離の長いパー5ともなれば、方程式はもっと増えていきます。

番手選択はもちろんのこと、ルート選択でも自分なりの方程式を編み出していく。こういった発想が、攻め方のバリエーションを豊富にしてくれるのです。

自分の方程式で、攻め方のバリエーションを増やす。

【発想転換⑳】

頑張らない方が
うまくいく。

仕事やスポーツで頑張っている人、多いですよね。ゴルフも頑張ってスコアアップしたいところですが、実は頑張ることは不要です。ゴルフで「頑張る」とは、一人相撲のようなもの。気合いを入れたら空振り、力を入れればショットが曲がる。ひとことで言えば〝頑張らない方がうまくいく〟のがゴルフなのです。とくにアベレージゴルファーは、頑張るほど力が入ります。すると体の動きばかりが早くなってクラブが遅れ、バランスの悪いスイングになります。力を入れることでクラブの仕事を邪魔する結果になってしまうのです。

ゴルフに頑張りはいりません。力を抜いてスムーズにスイングするだけ。するとクラブが効率よく働ける条件が揃い、いい仕事をしてくれます。大事なのはクラブの動きを妨げないこと。リーダーのあなたが一人で突っ走っても、部下はついてきませんよね。それと同じで頑張りすぎないことがポイントです。

ゴルフに力はいらない。クラブが仕事をしてくれる。

第五章　ゴルフライフが充実する日常の〝気づき〟

【 気づき① 】

メニューを見て即決できれば、パットが入る。

■日常の即決訓練は、パッティングの素早い決断につながる

ゴルフ場のレストランや、街のファミレスで食事をするときは、メニューを見てオーダーをしますが、あなたはオーダーを即決するタイプですか、それとも一番最後にオーダーするタイプですか？

即決するタイプであれば、パットがうまくなる可能性が高い人です。

パッティングで大切なのは決断力です。切れるラインに見えたり、ストレートに見えたり、かといえば上りに見えたり、下りに見えたり、ラインは状況によって様々な見え方をします。いずれは決断して打たねばならないのですが、これが迷えば迷うほど、わからなくなる。相対的には早い段階で決断し、決め打ちした人の方がいい結果につながる傾向があります。

たとえオーダーで迷っても、最後にビシッと決めるなら「ホーッ、そうきたか！」となりますが、迷った挙げ句に「じゃあ、ボクも同じで」となると、自分で決断したとは言えません。独創的なパッティングをするタイプか、迷ったまま運を天に任せるタイプか、ゴルフ仲間のオーダーを観察してみると面白いですよ。

【 気づき② 】

生活空間の見方を変えると、アプローチが寄る。

■身近な物を、アプローチの距離感に役立てる

普段生活している環境には、一定の間隔をとって配置されているものが結構あります。道路に立っている電柱もそのひとつ。すべてが等間隔ではないかもしれませんが、通り慣れた道にある特定の2本の電柱の間隔は一定です。

おすすめしたいのは、その間隔の距離を覚えておくこと。不審に思われるかもしれないので、人目のない時間帯を見計らって、電柱と電柱の間の距離を歩測してみてください。たとえば間隔が10メートルあったとしましょう。毎日注意して見ていると、10メートルの距離感が自然と脳裏に焼き付きます。その感覚を実際のアプローチの場面で呼び起こすのです。

ボールとピンまでの間に2本の電柱を立てて距離をイメージする。そうすると、電柱間の距離を基準にしてピンまでの距離がイメージできるようになります。これは平面だけにかぎりません。家の屋根までの高さを見てSWで越せるかなど、イメージは三次元にも広がります。すると何気ない日常の景色がスコアメイクに活かせる楽しい空間に変わってきます。

【気づき③】

いつでもどこでも歩測を心がける。

■横断歩道を大股で歩くと、正確に歩測できるようになる

外出すれば一度や二度は横断歩道を渡りますよね。実はこの横断歩道の渡り方を意識するだけで、あなたのゴルフに大きなメリットが生まれます。

普通の横断歩道は、白と路面の色との縞模様ですが、白く塗った部分と路面部分の幅は、それぞれ45～50センチと決められています。白部分と路面部分をワンセットと考えると、幅90～100センチ、つまりゴルフで歩測に使う単位＝1ヤード（約0・9メートル）とほぼ同じになります。この部分を一歩で歩くとかなり大股になりますが、普段からこの歩幅で歩くことを意識していれば、歩測が容易かつ正確になるのです。それだけではありません。大股で歩くことで、股関節まわりが柔らかくなります。さらにスピードアップすることで、適度な有酸素運動にもなる。しかもプレーファーストにもつながるなど、いいことづくめなんです。

プロは、一歩が1ヤードになるように歩く訓練をしています。プレーがスムーズで、自信をみなぎらせて堂々と歩いているように見えるのは、このためでもあるのです。

【 気づき④ 】

下半身を意識するだけで疲れない。

移動中は下半身に意識を向ける

ゴルフは飛んだり跳ねたりするスポーツではないので、下半身をあまり使わないと思われがちです。でも他のスポーツ同様、下半身は大切な役割を担っています。ラウンド後半になるとミスが頻発し、スコアを崩す人がいると思いますが、その多くは下半身の疲労が原因です。下半身が疲れてくると、飛距離が落ちたり、コントロールが悪くなるのです。

とはいえ、下半身を鍛えるのはなかなか大変。億劫ですし、時間がとれない人も多いでしょう。でも心配は無用です。普段の心がけだけで、疲れにくい下半身を作ることができます。

ポイントは乗り物で移動する時、常に下半身を意識すること。電車で立っている時は、つり革につかまりつつ、それに頼りきらず、ひざをゆるめてバランス良く立つ。また電車や車のシートに座っている時は、ガニ股にならないように気をつける。座っていて、気づかないうちにひざが開く人は、太もも内側の筋肉が弱っています。これらのことに気をつけるだけで、疲れにくい下半身になっていきます。

【気づき⑤】

自慢話を
どんどんする。

自慢話はよかったプレーを追体験できる

ラウンドの前後に限らず、ゴルフ仲間で食事をしたり、お酒を飲むことってありますよね。そんな時、決まって出てくるのが〝ダメ自慢〟。3メートルを3パット、4パット…、テンプラで飛距離50ヤード…等々、この手の話は酒の肴にはもってこいです。

こういった話題が枕になる程度ならいいのですが、酒がすすむと、ついつい愚痴合戦に陥りがちです。いくら酒の席だからって、自分のゴルフを非難したり、自虐的になるのは考えもの。どう考えても、愚痴合戦がいい結果に結びつくはずはありません。それに愚痴ってばかりいたら、聞かされる方もたまったものではありません。仲間意識も生まれないし、一緒に高め合っていくこともできません。

というわけで、どうせ酒の肴にするなら自慢合戦をしてみてはどうでしょうか。自分にとってプラスの話をするのは気分がいいし、話すことで追体験もできます。よきゴルフ仲間の自慢を聞けば「よし、おれも！」とやる気が湧いてきます。よきゴルフ仲間として、付き合っていけるでしょう。

【 気づき⑥ 】

人を褒めて、コースでの情報収集力を磨く。

■段取り上手になるには、褒め上手になる

「ゴルフは段取りのスポーツ」と藤田寛之プロは言っています。まったくもってその通り。アマチュアを見ていても、段取り上手な人は無駄が無いので、確かに早く上達しています。もちろん自分のスイングを作るのには、誰もが同じように時間がかかるものですが、いざコースに出た時に差が出てきます。

段取り上手な人は動きにソツがないので、考える時間が作れます。するとライやピン位置、グリーンの傾斜や風など、いろんなところに目を向けられるので、細かい状況判断ができるようになります。

自分は段取り上手じゃないな、という人もガッカリする必要はありません。そんな人は、今からまず人を褒めることを心がけてみてください。人を褒めるには、相手のいいところを見つけなければなりません。とかく悪いところはすぐに気づくものですが、いいところとなると、それなりの観察力が必要となります。観察力を養うことが、コースでの情報収集力につながるのです。

加えて、人を褒めることで相手は前向きになる。人間関係も円滑になります。

【気づき⑦】

行列のできる店に並んでみる。

■行列に並ぶことは、感情のコントロールに役立つ

行列のできる飲食店に並んだことはあるでしょうか。私は並ぶのが好きではないので、わざわざ行くことはありませんでした。でもある時、ふと思ったのです。並んでいる人って、何を考えているのかと。並んでいる人に直接に聞かないとわかりませんが、少なくとも「まだかよ」とか「早くしろよ！」とは思っていないはずです。だってそんなにイライラしていたら長時間は並べません。おそらく「いよいよ食べられるぞ」と期待で胸を膨らませているはずです。

どんな感情になるのか、私も実際に並んでみました。すると意外にも、前向きに待っていると、苦にならないことがわかったのです。「これだ！」と思いました。

グリーンが空くのを長時間待っていると、ついイライラしがちです。これも前向きに考えることで解消できる。いいショットと結果をイメージすることで、まったくイライラしなくなるのです。たとえ結果がイメージどおりにならなくても大丈夫。イライラの爆発寸前で打った場合と、気持ちに余裕をもって打った場合とでは、次打に及ぼす影響が１８０度違うからです。

【気づき⑧】

トーナメント中継は立って観る。

■ツアープロの動きを真似できる最大のチャンス

週末の午後、ゴルフトーナメントのテレビ中継を観る時、あなたはどんな姿勢で観戦していますか。大半の人は、畳やソファに寝転がって観ていると思います。でも、途中でプロがやっていることを真似してみたくなることってありませんか。

石川遼プロのワッグルや、片山晋呉プロのスイング、タイガー・ウッズのティショット、宮里藍プロのルーティンなど、ちょっとした動きを真似ることは、最高のイメージトレーニングになります。そんな時、ゴロンと横になっていると、やってみたいと思っても面倒になってしまいます。そこで、トーナメントのテレビ中継は、立って観ることをおすすめします。

ツアープロの動きを真似るのはもちろんのこと、カメラのアングルによっては、パットのラインが見える時もある。そんな時は自分ならどこを狙って、これくらいのタッチで打つ、とイメージしてみる。立っているとすぐにできるので、ひとつの番組でいろんなことが試せるのです。近くにクラブやパターを置いておくとより楽しめます。

【気づき⑨】

一度に2つ以上の用を足す。

スムーズなプレーにつながる、要領のいい立ち回り

〝自分のことは自分で〟がゴルフの基本精神です。キャディさんがいても、クラブは自分で持ってくる。パットのライン等、最後のジャッジは自分で下すというのが本来の姿です。とくに若いゴルファーは、この精神を大事にしてほしいのです。

いくつものことをひとりでこなすためには、要領よくやらなければなりません。クラブを何本か持っていく、予備のボールを持っておく、バンカーでは打つ前にレーキをそばに置いておく等はその代表例です。こういったことを習慣化するためにも、普段の生活から要領よく立ち回ることを心がけてみてください。

日常でも効果的なのは、一度立ったら2つ以上の用事をこなすことです。何かを取りにいった時に、その物だけを取ってくるのではなく、後で必要になる物はないかと考える。そして使いそうなら一緒に持ってきておくのです。また、立ったついでにやることはないか、人に聞いてみるのもいいと思います。そういう心がけは、ゴルフでのスムーズなプレーを助けます。同伴競技者に気に入られるなど、いろんなメリットも生まれます。

【気づき⑩】

意識的に左手を使う。

■左手を使うと、ショットからパットまでレベルアップできる

ここでは左手とうたっていますが、左利きの人は右手、つまり利き手と反対の手を使うということです。

ショットやパットで両手を使う以上、左右それぞれの手には役割があります。右手は距離感、左手は方向性とよく言われますが、役割はどうあれ、器用に使えるようになれば仕事量も増やせ、正確性もアップします。

そのためには、普段から利き手と反対の手を積極的に使うことです。左手で文字を書いたり、歯を磨いたりするのも効果があります。スイングは左サイドで振る、左手リードで振る等と言われますが、普段から左手を使っていると、そういった動きを理解し実践できるようになります。

また、左手を使うと右脳が働きはじめます。右脳は直感力や創造力、空間認識やイメージを司ると言われています。まさにこれはゴルフ、とくにラウンドでは不可欠なものです。「○○をイメージしてみてください」と言われてピンとこない人でも、左手を使うことで開眼できるのです。

【気づき⑪】

普段から
先頭バッターを、
かって出る。

■朝イチショットを成功させるため、自ら緊張する場面に飛び込む

朝イチのティショットは誰もが緊張するものです。百戦錬磨のプロも同様ですが、場数を踏んでいる彼らは、ドキドキ感を適度なプレッシャーに変換してティショットを成功させています。でもこれは、豊富な経験によって培われたもの。いわば自然と身についたワザです。

月1回のラウンドがやっとのアマチュアには、とてもそうはいきません。それならば、普段の生活で1番バッターの緊張感を体験しておきましょう。

歓迎会や送別会等でのスピーチや、仕事のプレゼンテーション、接待や仲間内でのカラオケパーティー等で、自ら先頭バッターをかって出るのです。緊張する場面に自ら飛び込んでいくと、先頭バッターが快感になってきます。こうなればシメたもの。緊張をパワーに変えることができ、そのうち誰かが見てくれないと物足りないぐらいになります。

そうなれば、朝イチのティショットだけでなく、オナーになった時も気持ちよくスイングできます。仕事や遊びでも前向きになれること請け合いです。

【気づき⑫】

結果が出たホールを実況アナウンスする。

■脳にいいイメージを再体験させる

「8番ホール、パー3。ここまで1アンダー。ホール的には難しいので、ここは無理せずパーで収めたい。ピンの位置はセンターより左、手前の池を越えて7ヤードのところ。カップまでの距離は155ヤードで、148ヤード打てば池を越える。風は2時の方向から軽いアゲンスト。7番アイアンで軽く打つか。それとも8番アイアンでしっかり打つか。池に入れたらアウトだから7番と考えたが、軽く打とうとするとインパクトがゆるむクセがある。ここは前のホールで8番がナイスショットだったから8番でいこう。前傾角度を保つことだけ考えて打った球は、旗の右に飛び出して軽いドローを描いたあと、ピン奥2メートルにナイスオン。下りのスライスを強めに打ったら、カップの真ん中から入ってバーディ!」

これは私が、ある日の1ホールの一部始終を振り返ったものです。いい結果が出たホールは鮮明に覚えているものです。その場面を事細かく思い出すことで、脳に成功例を再体験させることができます。何となく打って、何となく覚えているのでは、いつまでたっても再現できません。

【気づき⑬】

気象予報士になったつもりになる。

■普段から自然に対して気を配る

コンスタントに90台で回れるようになったのに、90の壁がなかなか越えられない。その要因のひとつは、自然の前に屈していることが考えられます。

具体的に言うと、たとえばグリーンまで残り120ヤード。9番アイアンで打ったらアゲンストの風に戻されて、ボールは真上から手前のバンカーにドスン。目玉になって結局ダボ、ということです。

これは風の予測ができなかったために招いた結果です。こんなミスジャッジが重なって、目標達成が遠のいていくのです。

ラウンド数が少ない分、風や空気の重さ、芝の伸び具合などを見過ごすのは仕方のないこと。これをなるべく避けるには、普段から自然に対して敏感になるしかありません。気象予報士になったつもりで、風向きや気温、湿度などを気にかけてみてください。同じ風でも疾風、そよ風、微風等、いろんな呼び方がありますが、風を感じて呼び分けできるくらいになるとカッコいいですよね。自然を知れば知るほど、ケンカを売れなるものです。

【 気づき⑭ 】

吸い殻を拾う。

上達の方法は「気づく」→「行動する」→「習慣にする」

「タバコの吸殻を拾うとゴルフも人生も向上する」という教えを実践しているジュニア姉妹とラウンドしたことがあります。教えたのは私ではありませんが、素晴らしい習慣だと思いました。

「コースの中でタバコの吸殻を拾う」と決めると、今まで見えなかった吸殻を認識できるようになります。目に映っていても、認識するかどうかは別。映っていても見えていない物がたくさんあるからです。それが「タバコの吸殻を拾う」と決めることで、気づきが習慣化します。さらに、気づいた後に、拾うという行動が続く。「気づく→行動する」がワンセットになるのです。

上達の方法も「気づく→行動する→習慣にする」のセットですが、その姉妹には、これができていたのです。タバコの吸殻だけでなく、ゴミ拾いや目土、草むしりまで、スムーズに習慣化されていたのです。

すべてのゴルファーにこのような習慣があれば、ゴルファーとしても人間としても向上するでしょう。ゴルフも仕事もいい循環で回るようになるはずです。

【気づき⑮】

あえて難しいことに挑戦する。

自分で限界を決めつけず、限界を超える喜びを味わおう

自己ベストのスコアを出すことは、今ある自分の限界にチャレンジすることです。100を切ったことのない人が100を切り、90を切ったことのない人が80台で回ろうというのですから、難しくて当たり前。

でも多くの人は、ダボでスタートしたとたんにテンションが下がってしまいます。まだ限界を超える可能性が十分あるのに、実にもったいないことです。まるで自ら限界を作っているようなものです。

こうなってしまうのは、自分の限界に挑戦した経験が少なすぎるからです。ゴルフにかぎらず、難しいことに挑戦した経験を積めば、できる時の感じがわかってきます。

小さいことでも構いません。普段の生活でも、どんどん自分の限界に挑戦していきましょう。駅まで歩いて5分を3分に、腹筋20回を30回になど、何でもいいから無理だと決めつけずにやってみる。これを繰り返すことで限界を超える感じと、超えられた喜びが味わえ、自ら限界を作ることがなくなります。

第六章　スコアがまとまる思考法

ハプニングは受け入れる

朝イチでOBを打ってしまい「あ～、もう1日が終わっちゃった…」とか「スタートから3連続ダボ。もう望みなし！」等と思ったことはありませんか。

スタート前は誰しもワクワクして、胸を躍らせているはず。なのにスタートからわずか数ホールで雲散霧消、お先真っ暗な雰囲気に…。これではせっかくラウンドに来たのに、あまりにも寂しいことです。

ゴルフは旅行にたとえることができます。まずティグラウンドで計画を立てる。飛行機で行こうか？　新幹線で行こうか？　車や自転車、お遍路みたいに歩くのも楽しいですよね。ただ中には、チケットがないのに飛行機で行こうとしたり、自転車なのに高速道路に乗ろうとする人がいます。目的地に一刻も早く着くことが、目標になってしまっているのです。

でも想像してみてください。寄り道もせずに、一目散に目的地に向かう旅行って楽しいでしょうか。私はそうは思いません。休憩や道草も旅行の楽しみのひとつだと思うのです。ハプニングもそうです。電車に乗り遅れた、愛車が故障したなど、過ぎてみれば、何事もなかった旅行より深い思い出として残るものです。

旅の達人は、行く手を阻まれても他のルートを見つけるでしょう。いざとなったら目的地さえ変更し楽しんでしまいます。

ゴルフで起こったハプニングもまったく同じです。ベストスコアを更新することだけが楽しみなあなたは、ちょっと損をしていると思います。

ハプニングはいつでも誰にでも起きるものです。起こったことはまず、あるがままに受け入れてみてください。**すべての責任はプレーヤーである、あなた自身にあるのです。**であれば、泣こうが騒ごうが起きてしまったことに対しては、いかにプラス要素にしていくかがポイントになります。ハプニングは、自分を鍛えてくれると考えればいいのです。そのハプニングの中には、今後きっと役に立つものがあるかもしれないと思えばいいのです。

そのハプニングを楽しめるようになればしめたもの。ＯＢを打ってしまったらどうするか、スタートからダボが続いたらどう対処するか。ハプニングを重ねていくうちに対応力が身についてきます。その対応力を身に付けていくことが上達につながります。ハプニングは、ゴルフをする大きな楽しみのひとつなのです。

本当に足りないものを知る

スコアをまとめるにあたり、自分に足りないものを正確に把握しているでしょうか。「ドライバーの飛距離が足りない」、「方向性が安定せず、OBが多い」、「1メートルのパットを外してしまう」等、人によって様々だと思います。

ラウンドレッスン時、私はお客さんに、その足りないものを手に入れた状態を体験してもらうことがよくあります。

距離が足りないと思う人は、ティショットで飛んだ地点から50歩進んでプレーを続ける。OBは打数に数えない。1メートルのパットは全部OKにする。それが本当に自分に足りないものであるなら、きっとスコアがまとまるはずです。

そうなれば、足りないものが明確になり、それを補う練習にも身が入ります。

それでもスコアがまとまらなかったら、原因は別のところにあるのかもしれません。たとえばアプローチが原因でスコアがまとまらないのに、自分ではドライバーが飛ばないことが原因だと思っている。そう思っているかぎり、努力の方向は間違ったままになってしまいます。しかもドライバーのせいにして、アプローチには目を向けない。もしかしたらアプローチの練習が嫌で、ドライバーのせいにしているのかもしれません。これは自分の弱点に気がついていない典型的な例です。

日常生活に置き換えてみてください。やりたいことができないのは「お金が無いから」、「時間が無いから」、「経験が無いから」等、何かが無いせいにしていることがあります。でもお金や時間があったらできますか。経験があったらやれますか。本当にそれが原因でできないのでしょうか。実はそのせいにしているだけではないのでしょうか。

自分で足りないと思うものが手に入った状態を一度体験してみると、本当の原因に気づくことができます。こういった気づきの量が多ければ多いほど、努力は正しい方向に進みはじめます。

もしかしたら、足りないものなどないのかもしれません。あなたが足りないと思い、足りないと言い訳して、足りないように演じているだけなのかもしれません。それも気づくことのひとつです。うまくなっていくには感じる量を増やし、たくさん気づくことが大切なのです。

残念…ではなく、惜しい！

ラウンド中には、お互いにいろいろな言葉をかけあうと思います。ある日、私のかけた言葉に、驚かれたことがありました。ラウンドレッスンをしていたお客さんのバーディーパットが惜しくも外れた後、「惜しい！　だんだんバーディーが近づいてきてますね！」と、私は声をかけました。すると、お客さんはこう言ったのです。「そんな考え方もあるんですね！　私は今日1日、パットがまるで入らない残念な日だと思っていたんです」

確かにその人は、３ホール続けてバーディーパットを外していました。でも明らかに、だんだん外れ方がきわどくなっていたのです。

起きている状況は同じでも、人によって捉え方はまったく異なります。「今日は入らない日。ついてない」と捉えると、なぜかその後に、それを証明するような行動を選択していきます。するとだんだん落ち込み、気分も乗らなくなって体の動きも重くなってしまいます。

逆に「バーディーが近づいている」と捉えれば、心がワクワクしてきます。心がワクワクすると、気分が乗ってきて体も軽くなります。その後のパフォーマンスが上がるのは、どちらであるかは言うまでもありません。

目の前で起きている状況をどう捉えるかで、その後の展開はまったく変わってくるのです。それは大きな出来事ではなく〝ちょっとしたこと〟であることが圧倒的に多いのです。問題はその〝ちょっとしたこと〟に気づけるか気づけないかです。気づければ、自分のパフォーマンスが向上し、その後の展開も断然よくなります。

仕事で失敗したとしても、チャンスと捉えることができれば、人生がまったく変わります。起業しようか迷っていたけれど、働いていた会社が倒産したから自分で起業した。元彼と別れたおかげで、今の素敵な彼氏に出逢った。落ち込むような出来事でも、捉え方によっては、幸せにつながっていくのです。物事がうまく運んでいない人は、うまくいかない捉え方をする習慣が身についています。無意識に選択しているマイナスの捉え方を、意識的にプラスの方向に変えてみてください。

言葉使いで展開は変えられる

私のレッスンでは、打つ前に「もし、こうなったらうれしい！」という何かを想像して、言葉に出してもらうことがよくあります。「フェアウェイの真ん中に飛んだらうれしい！」「バンカーを越えたらうれしい！」「ドローボールが出たらうれしい！」「このパットが入ったらうれしい！」というように、具体的に宣言してもらうのです。

そんな「うれしい」や「楽しい」を想像して話している時は、みなさん自然に顔がほころんでいきます。**笑顔が緊張をやわらげ、体の動きをスムーズにしてくれます**。すると、少なからずイメージに近い結果になることが多いのです。

反対に「こうなったら嫌だ！」「こうなったら悲しい…」ということを想像し、自分の中にため込むと、どんどん不安になっていきます。嫌なことを想像するだけで、嫌な感情が湧き出てくるのです。すると体は過度に緊張し、委縮して動きが鈍くなります。結果も嫌だと思っていたとおりになりがちです。

人間の潜在意識は、自分の意識を向けた方向へ自動的に進んでいきます。「手前のバンカーが嫌だ」と思っている時は、バンカーに意識が向いていて、グリーン上への意識が希薄になっているというわけです。

同じ意味のことでも、意識の持ちようでまったく違う結果になります。「風邪ひかないようにね」というよりは「お元気で」のほうがいい。「喧嘩しないように」よりは「仲良くね」のほうがいいのです。

つまり、**意識を向ける方向が大切**ということ。意識の向け方や言葉の使い方ひとつで不安がなくなり、次の展開を一瞬で変えることができるのです。楽しい方向へ向かう時のエネルギーは、とてもワクワクしたエネルギーです。笑顔でワクワクしているあなたには、いいことがいっぱい起きるのです。

答えは自分の中にある

プロフェッショナルによるコーチングの世界では「答えは自分の中にある」ということがよく言われます。自分が進むべき道、自分が本当にやりたいことは、人に聞くまでもなく、すでに自分の中にある。だからしっかりと自分と対話をしましょう、ということです。

私の場合は、やろうとしていることができたかどうかを判断する時に使っています。たとえばショットを打った時に、球筋を見て自分の意図が反映できたかどうかを判断するのではなく **〝自分の内にある感覚〟に意識を向ける**。そういう意味で「答えは自分の中にある」というフレーズを使っています。

その理由は、結果（自分の外部にあるもの）に意識がいくと、自分の体がどう動いたのか、自分の心がどう感じたのか、といったことがわからなくなってしまうからです。まさに意識自体が、ボールと一緒に飛んでいってしまうのです。友達同士で「今ヘッドアップしてたよ！」とアドバイスすることもあると思いますが、体の動きを指摘するよりは、「意識がボールより先に飛んでいったよ！」と言ったほうが的確になるわけです。

ボールに意識をもっていかれないようにして心の中にとどめておくと、自分の内側（内部感覚）と対話ができます。そして自分と対話ができるようになると、どんどん改善できるようになってきます。まさに「答えは自分の中にある」状態になれるのです。

今やろうとしたことができたかどうかは、誰よりも自分が一番よくわかっているはずです。本当はドローボールでピン奥に付けようと思っていたけれど、真っすぐ飛んで「ナイスショット！」と言われると、多少違和感があっても「そうか、真っすぐ飛んだからナイスショットでいいか！」と満足してしまう。これでは、せっかくの内部感覚を活かすことができません。

大切なのは結果だけに捉われることなく、自分の内側を見つめ続けること。そこで得られた答えこそが、もっとも信頼するに足るものなのです。あなたの答えは、あなたの中にちゃんとあるのです。

変わることを怖れない

上達のチャンスをつかめる人とつかめない人がいます。つかめる人は新しいことに挑戦できる人です。新しいことには、新たな可能性があります。今までの古いやり方を手放すことで、もっといい方法が見つかるかもしれません。その可能性を肯定できると、継続する力が湧いてきます。続けていくと、新しい気づきがあり、結果上達していきます。

一方で、新しいことには手をつけない人がいます。今までのやり方を変えずに、同じことを繰り返します。その中から違った可能性を得られればいいのですが、挑戦しない分、発見もないことが多い。

ではどうすればいいか？　ちょっと人の思考を借りてみてはどうでしょう。他人の言うことを、無条件でやってみるのです。すべてを実験と捉え、被験者になってみるのです。自分の思考は一人力ですが、人の思考を借りると無限大になります。人の力を借りて変わることができるのです。

誰しも生まれた時は何の価値観も持っていません。ゴルフだって価値観ゼロから始まり、いろんなものに触れながら、自分なりの価値観を作り上げていきます。

プロのスイングを見て「カッコイイ」と思うこと。上手な人に教わること。自分が体験すること。いろんな経験から、その人なりの価値観が作り上げられていきます。我々は価値観とともに進んでいくのです。でも、価値観はプラスに作用するものばかりではありません。一番いいと思っていることが、あなたを苦しめているかもしれません。

その**価値観を変化させていくことが上達**なのです。変化無くして上達はないのです。価値観には、時が経てば変わるものもあります。年を重ねるごとに、頑固になってしまう人には、変化は起きません。

変化とは価値観を変えること。教わることが得意な人は、自分の不必要な価値観を変化させられる人です。ときには自分の思い込んでいるゴルフに対する価値観を、整理してみてはどうでしょうか。変化を楽しめれば、きっといい結果が得られると思います。

あとがき

私が伝えたいことは、物事を肯定的に捉えようというだけではなく、セルフイメージ（自分のことを自分でどう思っているか）を上げて、自信を持つあなたになっていただくための方法です。

ゴルフ自体がツラくなってしまった方、上達せず足踏みしている方は、「できる」「できそう」という考え方が薄れていき、「できない」という考え方が大部分を占めてしまっているのです。自分の可能性の扉を、自ら閉ざす考え方を持って、自ら閉ざしてしまう言葉を使っているのです。

ゴルフにおいても日常においても、否定的な捉え方をすることで、自分自身を落ち込ませて自信を無くしている方が数多くいます。自分自身のことを落として自信を無くすよりも、自分自身で盛り上げて自信をつけていくほうがいいですよね。

その自信を高めるには、有名なプロの元へ行って大金を払い、魔法の様なレッスンを受ける方法もありますが、自分を上げる方法は、日常の中にたくさん溢れているのです。

幸せの青い鳥（〝トリ〟ではありません！〈笑〉）は、あなたの日常の中にいるのです。日常に溢れている幸せに気づくことができると、毎日が幸せでいっぱいになります。そして日常に溢れている上達のチャンスに気づき、それをつかむことができると、どんどん上達していきます。

特別なことだけが練習ではなく、日常の中こそ最高の修業の場なのです。それに気づけて行動していった先には、お金をかけずに上達して、自信に溢れるあなたに出会うことでしょう。それこそが私が望み伝えたいことです。

あなたのゴルフライフが楽しみに溢れ、輝くことを信じています。

この本を出版するにあたり、多大なる御協力をいただいた岸さんと福山さん。そしてこれまで私に関わっていただいた方とのすべてが、この本に詰まっています。

心より感謝いたします。

平成二十三年九月

ゴルフライフプランナー　北野正之

著者 北野正之（きたのまさゆき）

1966年、東京都生まれ。ゴルフライフプランナー／JPGA公認インストラクター。サザンヤードカントリークラブ（茨城県）と松原ゴルフガーデン（埼玉県）をベースにレッスン、執筆、講演など多方面で活躍中。これまでに20年間で、延べ2万5000人以上のアマチュアを直接レッスン。とくに伸び悩んでいるゴルファーへの「気づき」の指導を得意とし、次々と目標達成を実現させている。主な著書に『簡単に10打縮まるラウンド技術』（ベースボール・マガジン社）、『頻度順ひと目でわかるゴルフルール』（学研パブリッシング）、『トッププロも実践！絶対上達するゴルフアイデア練習法』（実業之日本社）他。

◎北野正之ブログ
「ハッピーゴルフセラピスト マッキー北野のエンジョイゴルフ」
http://ameblo.jp/mackey-kitano-golf/

お金をかけずに
90を切るゴルフ
1日5分
クラブを持たない練習法

2011年9月25日　第1版第1刷発行／定価（本体1400円＋税）

著　者　北野正之
発行者　玉越直人
発行所　WAVE出版
〒102-0074
東京都千代田区九段南4-7-15
TEL 03-3261-3713／FAX 03-3261-3823
振替　00100-7-366376
E-mail　info@wave-publishers.co.jp
URL　http://www.wave-publishers.co.jp/

印刷・製本　大日本印刷

ISBN：978-4-87290-535-9